国家最高科学技术奖获得者书系

科技是国家强盛之基
创新是民族进步之魂

国家最高科学技术奖
获得者书系

# 叶笃正的
# 故事

周玉冰 ◎ 著

时代出版传媒股份有限公司
安徽少年儿童出版社

图书在版编目(CIP)数据

叶笃正的故事 / 周玉冰著.—合肥:安徽少年儿童出版社,2015.3
(2022.1 重印)
(国家最高科学技术奖获得者书系)
ISBN 978-7-5397-7428-2

Ⅰ.①叶… Ⅱ.①周… Ⅲ.①叶笃正 – 生平事迹 – 青少年读物 Ⅳ.①
K826.14–49

中国版本图书馆 CIP 数据核字(2014)第 255841 号

GUOJIA ZUI GAO KEXUE JISHU JIANG HUODEZHE SHUXI YE DUZHENG DE GUSHI

**国家最高科学技术奖获得者书系·叶笃正的故事**　　　　　　周玉冰　著

出版人:张　堃　　策　划:何正国　阮　征　　　　责任编辑:宣晓凤
责任校对:冯劲松　　装帧设计:潘　易　　　　　　责任印制:朱一之
出版发行:时代出版传媒股份有限公司　http://www.press-mart.com
　　　　　安徽少年儿童出版社　E-mail:ahse1984@163.com
　　　　　新浪官方微博:http://weibo.com/ahsecbs
　　　　　(安徽省合肥市翡翠路 1118 号出版传媒广场　邮政编码:230071)
　　　　　出版部电话:(0551)63533536(办公室)　　63533533(传真)
　　　　　(如发现印装质量问题,影响阅读,请与本社出版部联系调换)
印　　制:阳谷毕升印务有限公司
开　　本:635mm×900mm　　1/16　　印张:11.75　　插页:4　　字数:140 千
版　　次:2015 年 3 月第 1 版　　2022 年 1 月第 3 次印刷

ISBN 978-7-5397-7428-2　　　　　　　　　　　　定价:29.00 元

# ★ 国家最高科学技术奖 ★

国家最高科学技术奖于 2000 年设立,是中国科技界的最高荣誉。国家最高科学技术奖授予在当代科学技术前沿取得重大突破或者在科学技术发展中卓有建树,在科学技术创新、科学技术成果转化和高技术产业化中创造巨大经济效益或社会效益的科学技术工作者。

国家设立国家最高科学技术奖奖励委员会,聘请有关方面的专家、学者组成评审委员会,负责国家最高科学技术奖的评审工作。每年获得国家最高科学技术奖的科学技术工作者不超过两名。

国家最高科学技术奖报请国家主席签署并颁发证书和奖金。奖金数额由国务院规定,为 500 万元。其中 450 万元由获奖者自主开发选题,用作科研经费;其余 50 万元归获奖者个人所得。

# 历届国家最高科学技术奖获奖名单

2000 年　　吴文俊：数学家，中国科学院院士、第三世界科学院院士

　　　　　　袁隆平：杂交水稻育种专家，中国工程院院士

2001 年　　王选：汉字激光照排系统创始人，中国科学院院士（学部委员）、中国工程院院士、第三世界科学院院士

　　　　　　黄昆：物理学家，中国科学院院士（学部委员）、第三世界科学院院士

2002 年　　金怡濂：高性能计算机领域的专家，中国工程院院士

2003 年　　刘东生：地质学家，中国科学院院士、第三世界科学院院士

　　　　　　王永志：航天技术专家，中国工程院院士

2005 年　　叶笃正：气象学家，中国科学院院士

　　　　　　吴孟超：肝脏外科专家，中国科学院院士

2006 年　　李振声：遗传学家，中国科学院院士（学部委员）、第三世界科学院院士

2007 年　　闵恩泽：石油化工催化剂专家，中国科学院院士（学部委员）、中国工程院院士、第三世界科学院院士

　　　　　　吴征镒：植物学家，中国科学院院士（学部委员）

2008 年　　王忠诚：神经外科专家，中国工程院院士

　　　　　　徐光宪：化学家，中国科学院院士（学部委员）

2009 年　　谷超豪：数学家，中国科学院院士（学部委员）

　　　　　　孙家栋：运载火箭与卫星技术专家，中国科学院院士

2010 年　　师昌绪：材料科学家，中国科学院院士、中国工程院院士、第三世界科学院院士

　　　　　　王振义：血液学专家，中国工程院院士

2011 年　　吴良镛：建筑与城乡规划学家，中国科学院院士（学部委员）、中国工程院院士

　　　　　　谢家麟：加速器物理学家，中国科学院院士（学部委员）

2012 年　　郑哲敏：力学家、爆炸力学专家，中国科学院院士、中国工程院院士

　　　　　　王小谟：雷达工程专家，中国工程院院士

2013 年　　张存浩：物理化学家，中国科学院院士（学部委员）、第三世界科学院院士

　　　　　　程开甲：核武器技术专家，中国科学院院士（学部委员）

2014 年　　于敏：核物理学家，中国科学院院士（学部委员）

# C ONTENT S
## 目 录

1

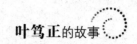

# 第一章

# 不寻常的家族

滚滚长江东逝水。它的下游北岸有一个重要城市,是安徽省原省会安庆。

安庆,有着许多文化遗存,其中有一座古建筑叫叶氏宗祠。

今天,在安庆的宜秀区叶祠村,一座坐北朝南,三进四合院式砖木结构的徽派建筑便是叶氏宗祠。祠堂始建于1876年,历经一百多年的风雨沧桑,至今还屹立在叶祠村,诉说着历史的变迁和风雨沧桑。

叶祠村的后人中,有一位杰出的气象学家,他叫叶笃正。

叶笃正家族的崛起是从叶笃正曾祖父叶坤厚开始的。叶坤厚热衷科举。1837年，逢朝廷举行拔贡考，叶坤厚考取了。随后在安庆任职。他平时喜欢吟诗作画。

安庆叶氏宗祠正门

不久，叶坤厚平静的生活被打破了。时代风云改变了他的命运。

1851年1月11日，洪秀全在广西发动了金田起义。起义军势如破竹，1853年太平军从武汉顺江东下，占领安庆，杀死了巡抚蒋文庆。

在此危难时刻，叶坤厚带着家小避乱山中，组织乡勇抗敌自保。太平军失败后，北方又出现了大规模的起义军捻军。历经多年训练，叶坤厚的乡勇已经很有战争经验。他带着他们到河南剿捻。因功被朝廷提为河南汝光道台，这相当于现在的副省长级别，为从三品或正四品官员。

叶坤厚有个儿子叫叶伯英，是安庆叶氏宗祠的发起建造人。他出生于1825年，从小聪慧好学，后来成为满腹经纶之士。

叶伯英青年时期，正逢社会动荡，便随父亲投身戎马，很受晚清重臣曾国藩的赏识，官至陕西巡抚兼阅兵大臣，为一品官员，相当于现在的省长兼军区司令员。

叶伯英身为朝廷重臣,自然有许多官员朋友,袁甲三就是其中一位。袁甲三是河南项城袁家第一位以进士身份进入官场的人。在平息太平军起义中,他成为重要的淮军将领。

1888年10月10日,63岁的叶伯英卒于陕西巡抚任上。他想不到的是,自己的儿子叶元琦与袁甲三的侄孙袁世凯成了官场上的竞争对手。

袁世凯几次科举都没有考上,便投靠叔父袁保庆的结拜兄弟吴长庆。1895年,袁世凯开始在天津与塘沽之间的小站练兵,得到了军务处大臣荣禄、李鸿章的赏识,从此,奠定了他的事业基础。1897年,他被提升为直隶(今河北)按察使。

1898年6月,朝廷有一个工部右侍郎的空缺,这是一个从二品的官阶。此时叶元琦已经从直隶道台擢升为按察使。按察使俗称臬司,相当于现在的省高院院长兼检察院检察长,是三品官阶。

清代的官员升迁,个人能力是一个方面,有人提携举荐才是关键。叶元琦很想争取这个工部右侍郎的职位。虽然父亲叶伯英去世十年了,他还是找了父亲昔日的朝中故友帮忙推荐,并且胜算很大。

哪知半路杀出一个袁世凯。为了竞争这个官职,他毫不顾忌两家交情,针锋相对。

袁世凯有天津小站练兵的优势,在竞争中,叶元琦失败了。要是换了其他人,失败也就失败,大不了再等待机会。可是,竞争对手竟是有着深厚交情的袁家人,叶元琦为之心情郁闷,肝火上升。不久,脖梗子后面长了一个疮,开始没在意,后来出现红、肿、热、痛的症状,便去找老中医。老中医说这是

对口疮,开了霜茄花、生何首乌、白糖加黄酒煎服的药方。

服了几天,不见好转。叶元琦只觉得全身发烧,头痛,不久便出现了淋巴腺肿的症状。随后,病菌引发败血症,叶元琦就死去了。

一个偌大的家园,顿时挂上条条白布。袁世凯心中也懊悔,没想到因为一个官位,闹出了人命。

袁世凯心怀愧疚,来到叶府吊唁。

叶元琦的夫人张氏跪在幔帐后,听到袁世凯在灵堂前诉苦,便大骂起来。骂他忘恩负义,骂他官迷心窍,骂他为了一顶帽子不择手段。

袁世凯大哭一番后,向张夫人保证道:"婶娘,人都是往高处走的,我也没有料到会出现这种情况。事到如今,无力回天,我就是脱了官服也挽不回我叔的性命,但是,我向您保证,一定照顾好文樵。"

文樵是张夫人与叶元琦的儿子叶崇质的号。袁世凯果然没有食言,提拔叶崇质担任清河道道台。

辛亥革命后,掌握国家实权的袁世凯任命叶崇质为河北省警察厅厅长,衙门设在保定。后来,叶崇质在保定办了一所警官学校,自任校长。


辛亥革命爆发,清朝皇帝被迫退位。

1915 年,袁世凯准备复辟,要做皇帝。

叶崇质觉得袁世凯的称帝行为是倒行逆施,认为跟着他没有好结果,便辞了职务,发誓永不做官。

不做官干什么呢?

叶氏宗祠马头墙

叶崇质决定在天津办实业。他先后参与开办了两家实业，一家是华新纱厂，规模最大的时候有2500多名工人；第二家则是启新洋灰公司，这是由中国人自办的第一个近代水泥生产企业。工厂位于唐山，总部在天津。

除此以外，叶崇质还曾担任华新银行的总经理，一直到他病逝。这个银行的创办人正是他的安徽同乡周学熙。

有了雄厚的资本，叶崇质在天津"聚福里"逐渐扩建自家的大宅。宅子位于天津河北三马路1号，最大的时候，占了全马路的三分之二。在这条马路的对面，叶家还有自己的马场，里面养了四匹马。

叶家大院分前院、中院、后院，共四十来间小屋分布在三个院子的四周。正对着马路大街的是大门，一扇门要两个人才能推开。进了这个门，是长长的街院，再穿过一道门就进入前院和中院。进大门后，沿着街院西行是葡萄架，走到尽头，朝北穿过长院，就进入后院，后院是两层建筑。

叶崇质之所以选择天津作为自己办企业和安家的地方，一方面是他做清河道台时，夏季在天津办公，对天津比较熟悉，也比较有感情。另一方面，当天津成为通商口岸后，西方多国在天津设立租界,天津成为中国北方开放的前沿和近代中国洋务运动的基地,商贸繁盛。

此外,1870年李鸿章出任直隶总督时,曾调数万淮军护卫营到天津卫驻防。为方便淮军的亲属来天津卫探亲和祭祀,李鸿章在天津修建了一座"安徽会馆"。在天津,寻找安徽人的足迹和资源太方便,这也是叶崇质在天津办实业的优势。

叶崇质的大太太是父母做主娶进来的,她是济南的美女,手指纤细,嫩葱一般,擅长绣花鞋,花样都是自己描的。

跟许多家长一样,张老夫人和丈夫叶元琦希望早日抱孙子。媳妇也争气地怀孕了,一次,她与丈夫叶崇质坐在外廊看别人在院子里放风筝。有个女佣人的风筝飞得很高,她看得高兴,跑过去踮脚拉着风筝的线,一个趔趄,不小心流产了。

后来大太太再也没有生育。抱不上孙子,张老夫人内心急啊。暗地里为儿子物色一个能传宗接代的女人。一次,她去隔壁刘家打麻将,看到一个丫头,模样周正,身子结实,便向刘太太说亲。

刘家当然愿意攀上叶家这门亲事。很快,做丫头的小姑娘被两位妇女用镊子、五色丝线去除了面部的绒毛,这叫开脸。开脸后,她就被人用轿子抬进了叶家。

叶崇质是个孝子,母亲给他娶的女人,他不敢拒绝,便给她取名刘婉淑。两年后,她生下了一个女孩,此后接连生下了8个孩子。

叶崇质做生意之外喜欢听京戏,认识了一个京戏小旦,姓陈，细眉亮眼，长得漂亮。舞台上，她的一颦一笑是那么动人；舞台下，她聪明、温柔。叶崇质经常带着客户捧她的场子，时间久了，便由相识、相知到相爱。

叶崇质要娶她进门，张老夫人不同意，说大门大户的，怎能娶唱戏的。

叶崇质开始使尽手段讨母亲欢心，希望她同意这桩婚事。但是无论怎样努力，张夫人就是金口不开。他一生气，与母亲吵了一架，最后甚至住到外面，张老夫人还是寸步不让。

叶崇质实在没有办法，最后让人通知母亲，他心爱的人怀孕了。张老夫人才长叹一阵后不得不点头同意。进门后，陈姨太为叶家生了7个孩子，其中一个就是叶笃正。

叶崇质深受儒家文化熏陶，为孩子们取名也是引经据典。他取《礼记·中庸》中"博学之，审问之，慎思之，明辨之，笃行之"的"笃"，再取一字分别作为子女的名。

叶笃正的大哥叶笃仁，别名叶刚候。他曾在北平的商学院读书。父亲去世后，便回家主持家政，在银行任襄理，妻子是曾经担任"中华民国"大总统的徐世昌的侄女。叶笃仁早年接触进步书刊，支持革命，经常有地下党来叶家聚会。地下党员李昌（新中国成立后为团中央和中国科学院负责人）就曾在天津叶家开过会。

二哥叶笃礼，与叶笃正同为陈姨太所生，很聪明，可惜早年夭亡。

三哥叶笃义，也是陈姨太所生。他小时候喜欢拉二胡，南开中学毕业后被保送进燕京大家政治系。他曾任民盟第一届中央委员兼宣传部副部长。1949年后,历任政务院政法委员会委员、副秘书长,法律出版社社长,还担任过民盟中央副主席兼秘书长、全国政协常委等,译有《美国外交史》。曾经因为读燕京大学的时候他与校长司徒雷登关系不错,受到牵连,进入秦岭监狱4年。后来,他写了一本书,叫《九死一生不后悔》,回忆自己不平凡的一生,92岁的时候去世。

四哥叶笃信只比叶笃义小几个月。他从小过继到早亡的二爸名下,因而奶奶张夫人非常宠爱他。他也较为顽皮,书读得不多。不过,战争期间他曾救过不少进步人士,如新中国成立后任地质部副部长的宋尔纯。另外,他对股票很有研究。

五哥叫叶笃庄,1914年出生,著名学者、农业经济学家,翻译家,科技情报专家。新中国建立初期,国家相关部门决定重新翻译出达尔文进化论,出版《达尔文全集》。时任副署长的周建人通过历史学家吴晗找叶笃庄协助。叶笃庄和周建人、方宗熙一起翻译了《物种起源》,并由三联书店出版。他担任过民盟中央第五、第六届中央委员会委员,北京市民盟副主任委员,中国翻译工作者协会副会长等职务,2000年在北京逝世。

六哥叶笃廉是叶笃正的胞兄,1914年出生。他先上的是南京金陵大学,后考上清华大学。三年级时参加革命,怕影响家人,改名叶方。当时,一起革命的青年常到天津的叶家大院,秘密地商量一些事。这些人中有后来担任国务院副总理的黄华、姚依林,有担任教育部长的蒋南翔等。叶笃廉长期在新四军中工作,1949年后任辽宁省委宣传部负责人、中央党校三部主任。

　　叶笃正的八弟空缺。因为当时二哥病重,家里就将二哥改为八弟,希望由此可以挽救他的生命,但未能成功。

　　九弟叫叶笃成,叶笃正的胞弟,参加革命时改名方实。他从南开大学毕业后,在北平大学读书,在风华正茂的年龄投身时代的潮流,先去参加山西敢死队,后去延安。1946年后,历任新华通讯社编辑、东北总分社副社长、辽宁分社社长、国内新闻编辑部副主任、参考资料编辑部主任、《中华英烈》副主编、新华社机关党委书记等职。

　　叶笃正十弟早年夭亡。

　　十一弟就是袁世凯的孙子袁家宸,他曾认刘婉淑为干娘。

　　十二弟叫叶笃慎,1924年出生。他自幼学相声,管家的大哥叶笃仁认为这有辱门庭,登报与他断绝关系。他后来来到重庆,曾参加中国赴缅甸的远征军,在部队里进入文工团说相声。新中国成立后他改名叶利中,在相声界有很大影响力。

　　叶笃正的四个姐姐由于封建思想的禁锢只在家跟着私塾读书。五妹叶笃柔曾入大学读书,后当教师。

# 第二章

# 童 年 时 代

1916 年对于叶家来说,是特殊的一年。

这一年的 2 月 21 日,天津城内一片严寒,街上行人都是穿着厚厚的棉衣,裹着头脸行走。路上,马车也是缓缓而行。偶尔驶来一辆汽车,在避让迟缓的行人中鸣笛而行。

叶家大院里,几位老妈子奔前奔后,大太太穿着黑色衣裤和黑缎子鞋在自己房间里吩咐着。然后坐下来,平静地等待。一会儿,贴身女仆周妈跑过来说:"陈姨太生了,是个男孩。"这是叶家第七个男孩子。

大太太笑了:"咱们叶家还真是很旺呢。奶妈已经选好了,通知她明天就过来。"

叶家是一个封建大家族,家规森严。孩子们一出生,就由奶妈带大,管大太太叫妈,亲生的娘则一律叫姨。叶家大女儿、大儿子刚出生,就抱进大太太房间,去认她做亲娘。生母则是孤零零地在床上,听着众人欢笑,暗暗流泪。

听说第七个儿子出生了,叶崇质赶紧坐马车回家。一进院门,就听到家人、佣人在围着孩子说笑,说孩子长得漂亮,有的说像老爷,有的说像陈姨太。

房产开发大潮中保留下来的叶氏宗祠

叶崇质径直走向陈姨太房间。自己的三个女人中,前两个都是遵从父母之命、媒妁之言娶进来的。只有这个陈姨太是两人自由恋爱而成婚的,因而,叶崇质也是最爱她的。

走进门,陈姨太正躺在床上,看上去很疲劳,见丈夫进来了,幸福地笑了。

叶崇质紧紧握着她的手,捋了捋她额头的乱发,说:"你辛苦了,想吃什么?"

陈姨太摇摇头,问道:"给孩子取什么名字?"

"我想好了,叫叶笃正,希望他求是勤勉,正直笃行!"

"笃正,这名字好,大气,雅正!这孩子,我怀他生他都不怎么费力,肯定是个听话、懂事的孩子!"

秋天,院子里葡萄熟了,一串串葡萄像玛瑙般晶莹闪亮。佣人们正围着张老太太吃葡萄,叶崇质带着一个摄影师进来了,说道:"妈,给你们照相!"

张老太太急忙阻止:"别,听说这玩意摄人魂魄,照一次,丢一次魂!"

佣人们也纷纷避让,生怕被照相机摄走了魂。

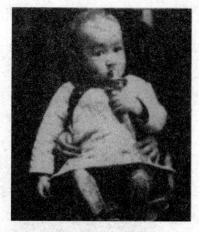

叶笃正小时候的照片

叶崇质摇头一笑:"你们真是不懂,好笑。"说罢,让家人抱出叶笃正。

孩子听话地看着照相机,嘴里咬着玩具,拍下了他平生第一张相片。

这一年,中国有了第一份记录风云变幻的现代意义上的气象记录。叶笃正后来成为了中国大气物理学的奠基人、全球气候变化研究开拓者、一代气象科学宗师,这真是一种机缘巧合!

叶崇质整日忙进忙出,他的母亲和三位太太则悠闲地打着麻将。

而与麻将声相和的是叶家孩子们的读书声,读的都是四书五经这些儒家经典。

外面的小孩都在上新式学堂,叶家大院里还是嘤嘤成韵的经典诵读,成为当时天津城内一道风景,一种谈资。

叶崇质虽然是有眼界的弃官从商的实业家,可在儿子们的教育上,他不理会什么新式学堂。受儒家文化熏陶的他坚持请私塾先生来自家给孩子们上课,对于别人的劝阻,他总是说,几千年的文化怎么会突然没有了价值?随他们去折腾,还是会回过来的。

于是,叶崇质花重金聘请天津附近有名的私塾先生。其中一位是张树稣,是当地的名儒。他是一位治学严谨的老先生,经常是身穿长衫、手拿戒尺,督促孩子们学习。

孩子们总是顽皮的。尤其是老九叶笃成,算是最顽皮的一个了,常常上课时间爬树掏鸟窝,或者是与哥哥姐姐们打闹,为此,挨了不少先生的戒尺。有一天,趁先生不在,他把戒尺藏起来。父亲知道了这件事,把孩子们聚在一起,问是谁藏起来的。孩子们都不说。

“笃正,你说,是谁?”

小笃正很为难,不说,父亲在气头上;说出来,弟弟肯定会挨打。想了想,便不吭声,但还是忍不住看了弟弟笃成一眼。笃成急了,朝他挤着眼睛。

父亲什么都明白了,一把抱起笃成,用大巴掌在他屁股上啪啪打起来,打得青一块紫一块,打得笃成号啕大哭。张先生先在一旁看着,待叶崇质打了一阵后,才出面劝阻了他。

此后,孩子们读书认真多了。小笃正渐渐发现先生教的东西非常有意思,越学越喜欢。经常把从先生这学会的诗歌读给生母陈姨太听,有时候与弟弟笃成一道在奶奶面前比赛。奶奶不愧是出身于宰相之家,有时候,孙子读错了,她还能指正出来。

生意场上再忙,叶崇质都要抽时间亲自督查孩子们的功课。他也清楚,请私塾老师是想让孩子们打下扎实的文化根基,但初中高中这些学堂,因为涉及算术、英文,还是准备让孩子们去上的。为了不让孩子们的这些课程拉下,他又请了英文老师和算术老师来家里给叶笃正他们授课,以让他们报考有名的南开中学。

对于女孩子,叶崇质则是另一种期望,不主张她们能有建树,而是希望她们能接受艺术的熏陶,成为有知识有气质的女性。她们享受不了私塾先生为之授课的待遇,从小就出去读新式学堂,回到家,有英文教师教她们,有时,还有钢琴教师上门授课。因而,叶家女孩子们既与社会上一般女孩子一样谈论妆楼针黹,也习经诵读,喜欢诗词书画。

叶笃正性格温和,学习最用功,常常被先生和父亲当作榜样来说服其他孩子。虽然外面的新学堂里有精彩课程,但不可否认的是几年的私塾教育,让叶笃正接受了深厚传统文化的熏陶,也赋予了他中国文化人的隐忍性格和人文气节,让后来的他有了心怀天下的旷达胸襟。

因为性格比较内向,叶笃正沉静不太爱动,也不愿意与家中的来客们讲话,偶尔回答别人的提问,总是慢声慢气的。

在兄弟姐妹眼里,小笃正俨然是个书呆子,他常常一个人在那看书,做功课。父亲从外面给孩子买了什么好吃的好玩的,他也不争不抢,给他什么就拿什么,哪怕没有了他也不吵不闹。

有一次,父亲的一个朋友从海南带来了一些荔枝。孩子们没见过,只是在诗里读到过"一骑红尘妃子笑,无人知是荔枝来",听说是荔枝,佣人与孩子们都争着去抓,轮到叶笃正时,只有几枝树枝了。

有个佣人看了又气又急,说:"老七,你真是蔫儿七!"。此后,大家都喊他"蔫儿七"。

奶奶也着急,常常抱他在怀中,鼓励他说:"蔫儿七,你是男孩子,男子汉不能蔫!比如,大家都抢果子,你也跟着抢啊!在家里抢个果子什么的,不是违法,违法事咱不做。可是,不能太软弱。"

"可那样,很不礼貌,也没教养。"小笃正慢声慢气地说。

"唉!"奶奶只有长叹,"你这孩子,只有读书一条路可走了。"

有几件事让大家觉得不可思议,感到"蔫儿七"还真是不蔫。

原来的私塾先生张树酥年纪大了,带着儿子辞职回家。叶家又请了一个黄先生。

这个黄先生长着一嘴黄牙,教书没有张树酥负责,总是放任孩子们在院子里玩,他自个儿干自己的活。只有在看到叶崇质身影的时候,才敲着戒尺大喊:"读书读书!"然后带着孩子们读些子曰诗云。

大家很不满这位先生，私下里叫他黄臭嘴，希望他离开，可是又不敢说。怕父亲说他们是不想读书，那样的话是要挨打的。

这时候，妹妹笃柔因为脚冻得走不动路，父亲便叫她暂时不去学堂，在家里上学。叶笃正便写了个字条，意思是叫黄臭嘴自己离开，让妹妹笃柔把字条放在他桌子上。

叶笃柔是临时读几天私塾，当然不怕，便把字条放了上去。可是黄臭嘴看后若无其事，还是一样他干他的，孩子们自个儿玩自个儿的。

叶笃正生气地说："我去与父亲说。"于是，他跑过去告诉父亲黄先生不负责的行为。果然，父亲不相信，责怪他不好好跟先生读书，让他面壁思过。

第二天，叶笃正还是去找父亲。父亲还是让他面壁思过。

第三天，叶笃正又找到父亲。结果一样。

如此几次，叶崇质重视了，心想，这个小七从不无故生事啊。后来仔细观察，他发现先生果真不负责任，便辞了他。

奶奶除了生有叶崇质，还生了一个男孩子，取名崇朴，过继给了叶元泽，可惜在南方早逝。奶奶还生了两个女儿，也是早逝。后来，奶奶领养了一个父母双亡的远方亲戚的女孩，取名叶婉如，孩子们喊她姑爸。她还领养了一个远亲的男孩，孩子们喊他三爸。三个孩子中，奶奶最疼爱三爸。

有一次，张老太太带他参加一个宴会，三爸怎么都上不了车子，奶妈便拉着他一条腿拽了上去。等他会走路的时候，大家才发现他走路总是一拐一拐的。张老太太觉得欠了他，便对他更加溺爱，这反而让他没有读好书。长大后，张老太太和老大叶崇质为他张罗着娶了个漂亮的妻子闵小姐，婚后生了两个儿子和一个女儿六姐。可是，他沉浸在花天酒地之中，经常带着三只大狼狗在天津街上窜来窜去。

更糟糕的是，他心情不好的时候就打儿子和妻子闵氏。有一次，把大儿子推到火炉子上，额头都烫了一个大包。

叶笃正的哥哥姐姐们对三爸的行为很气愤，商量着要为十三弟讨说法，可是他们都不敢去，怕他一气之下放大狼狗，连大哥叶笃仁都怕他的狼狗。

"我去！"大家没想到平时默不作声的叶笃正放下手中的书，径直朝三爸房间走去。叶笃正愤愤地对他说："三爸，奶奶爷爷小时候是否这样烫过你？"

三爸根本没在乎蔫儿七的话，无所谓地摇摇头，说："他们疼我呢，怎会烫我？"

"那你不疼十三弟？他可是你亲生儿子啊！"叶笃正反问他。

三爸被问住了，叶笃正继续说："作为父亲，你教育十三弟是应该的，可是不能不考虑他的安全，万一烫瞎了眼睛不是毁了他一生吗？这不也会给你增加更大麻烦吗？再说，暴力教育是无能的表现。你应该通过言传身教，让孩子敬畏你，而不是用暴力让孩子惧怕你。何况，孩子不是你的出气筒。"

三爸没想到七小子会说出这番话，气得用指头直指叶笃正，但没有话说。叶笃正的这一番话，引起了他的反思，此后，他还真改了不少。

还有一次,叶笃正已经在南开中学读初中了。他回家看到家中竟然有巫婆。原来是六妞妹妹生病了,三爸不在家,闵氏请巫婆为她治病。

叶笃正连忙跑过去。"婶,你这到底是要干吗啊?"他没有好语气地问道。

"啊?"闵氏愣了,她看着这平常不说话的蔫儿七今天这么怒气冲冲,便回答,"这不,你妹妹病了,请师婆仙尊过来给瞧一瞧。"

"病了不叫大夫过来请巫婆干什么啊?!"叶笃正望着躺在床上可怜的六妞,很生气地喊叫道。

看着这平常文静听话的叶笃正今天这般暴跳如雷,婶婶闵氏一时语塞。

叶笃正继续吼道:"你们这群没有文化的女人啊,你们是要害死我妹妹。有病就看医生吃药啊,这些巫婆有个屁用,无非是装神弄鬼骗取钱财,她们要是能治病世界上还要医生干什么?"

巫婆望着婶婶,不知所措。婶婶也望着叶笃正,一脸诧异。

晚上,知道了事情经过的叶崇质,对叶笃正说道:"笃正,妹妹生病,你建议请医生是对的,可是不能顶撞婶婶,在叶家,历来是长幼有序,否则乱了规矩,是要出问题的,也坏了咱家的声誉。你必须去道歉。"

"我听说六妞妹妹生病,害怕请巫婆耽误时间,心里急。"叶笃正辩解道。

"心里急,我理解,关心妹妹也是你的可贵品质。可我们家是书香世家,要注重礼仪,你要懂得尊重长辈。"

没等父亲说完,叶笃正便过去赔礼了。

可惜的是,因为耽误治疗,六妞还是死去了。闵氏哭得死去活来,对叶笃正说道:"七小子,早听你的话就好了,是我害死了你妹妹。"

每年夏天,叶家每天都会买些西瓜,让全家上下几十口人消暑。

切瓜的往往是二姨太刘婉淑。她手里拿着刀,站在门口喊:"吃瓜喽,吃瓜喽!"孩子、佣人们听到后就都跑过来。

五小子叶笃庄是最喜欢吃瓜的。在叶家的男孩子中,叶笃庄算是相貌最丑的,可是书法最好,很受父亲赞赏,叶家过年贴的对联都是他写。

叶家有规矩,切开来的瓜选最好的仔细剔除瓜子,送给奶奶。叶笃庄却等不及,总是刘婉淑一切开,他就瞄准好的伸手去拿。

叶笃正往往站在孩子们的身后,等大家都拿过了,他才拿。有时还要送几块给没空出来的三姐、四姐和与她们住一起的英文老师。他最担心的是比自己大两岁的哥哥叶笃庄抢瓜时切着了手,便告诉他:"五哥,你慢点,我们都不与你抢,万一切到手怎么办?家里还指望你年年写春联呢"

叶笃庄伸开手掌,晃了晃:"能切着我的手?嘿,不可能,这可是神手呢!"

有一天,刘姨太一刀下去,叶笃庄急忙一伸,刀尖划破了他的手指,流出了血,他才老实起来。

大家纷纷说："老七有先见之明。"

父亲叶崇质听说这事,说:"这说明老七遇事冷静,有自己的思考,你们要向他学习。"

妹妹笃柔有一天把叶笃正拉到一边,说道:"七哥,你发现没有,五哥不仅抽烟,还不知道节约,他的袜子穿脏了不是让周妈她们拿去洗,而是丢掉,全拿新的换上。要不要把这些告诉爸爸?"

"算了,偷偷告诉爸爸不好,那像是打小报告。直接跟五哥商量,提醒他。"叶笃正说道。

第二天,吃西瓜的时候,叶笃正把自己的西瓜给叶笃庄,说道:"五哥,跟你商量一个事。"

"什么事?"

"你能不能不抽或者少抽烟,另外,袜子没有破就洗洗再穿呗,只要你做到了,我的瓜天天给你吃。"

看着比自己小两岁的弟弟,一脸的真诚与认真,叶笃庄无奈地点了点头:"你提醒得对,我改,瓜是你的还是你吃。"

有一年夏天的晚上,大家都睡了,只有蟋蟀在草丛间叫唤。忽然,叶家后院平房的瓦掉了下来。接着,女佣们大喊:"有贼,有贼!"

"贼?贼在哪?把我们家枪拿来!"老三叶笃义披着衣服跑出来,大喊拿枪。其实,他哪里见过枪,就是喊着吓唬吓唬别人。

到底是不是贼呢?想想佣人们平时说的关于鬼的故事,这一晚,孩子们睡得都很害怕。

第二天一早,男佣人用梯子爬到墙上一看,真有一个小

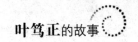

偷,夹在叶家和邻居钱家房子的夹缝里,动不了。

大家费了好大的劲,才把小偷弄上来,原来是钱家的佣人。

怎么处置这个小偷呢? 佣人杨大大、老郐都建议把小偷捆起来打一顿,然后让钱家老爷来道歉。

叶笃正起来晨读,见许多人围在一起,便走了过来。

"七弟,你看怎么处置?"三哥叶笃义问。

"奶奶经常去钱家打牌,如果我们打了钱家人,或者让钱家人来赔礼,这不是让奶奶颜面上过不去吗? 她还怎么好意思去钱家,放了吧,叫他下次别干这种事。"叶笃正说道。

"七弟说得对,放了他!"叶笃义挥挥手。

时间飞逝,姑爸叶婉如长大后,叶崇质做主,把她许给了故旧姚锡先的二公子姚鸿翼。叶崇质敬佩的是,他曾是甲午中日海战主战派人物之一。

姚鸿翼与叶婉如结婚后,生下了三个男孩和一个女孩。可是他染上了不良习气,整日玩鸟,很少顾家。叶婉如接受的是正统的励志教育,自然不能容忍丈夫这样,为此夫妻俩经常吵架。后来,姚鸿翼干脆去了老家镇江,大儿子姚曾廙十岁时,他死在丹徒。

叶婉如一个寡母要带四个孩子,生活自然不容易。叶崇质负担起她的生活费用,供孩子们上学。

父亲叶崇质对奶奶领养的姑爸和三爸是那么照顾,自然影响了叶家孩子们。他们一起虽然相互打趣、逗乐,甚至有过争吵,但都相互关照,彼此有深厚感情。

叶笃正十弟一出生就吃素,心地也极为慈善,看到门口要饭的,总喜欢把零钱给他们。叶家门口也就成了要饭人汇集的地方,大哥叶笃仁和佣人杨大大告诫他,这些要饭的越给钱他们越喜欢来,这样下去会没完没了的。奶奶支持他,说人应该有菩萨心肠,还说他是观音前的侍童转世,要饭的则喊他"十爷"。

为此,家庭还开了一个研讨会,大多数人认为十弟的做法会让社会上闲杂人员都涌到叶家门口。

"老七,你说呢?"奶奶问一直不说话的叶笃正。

"我支持十弟!"叶笃正说道。

奶奶笑了,说道:"有了老七一票,赞成的超过反对的,老十的善举可以继续了。"

叶笃正之所以支持十弟,源于一次经历。一天,他与九弟笃成在门口玩,走过来祖孙两个讨饭的人,说话带着浓重的外地口音。爷爷满脸皱纹,看到叶家两个少爷出来,分不清是不是传说中的十爷,便乞讨着,还低声下气地磕着头,说道:"少爷,行行好吧!"没想到只有六七岁的小女孩却说:"甭磕头,磕响头他们也不给。"这句话叶笃正印象很深,让他深刻认识到了什么叫骨气。

十弟十岁的时候,生病了。发热、咽喉痛、全身布满鲜红色皮疹。医生说是猩红热。他的生母二姨太刘婉淑带着才几岁的叶笃慎陪叶家大儿子笃仁在北平朝阳大学读书。照顾十弟的是陈姨太。

这时候,妹妹笃柔也生病了。家里请日本医生看了,说是白喉病,传染性极强,比十小子的病厉害,难救多了。医生这么一说,大家都不敢接近她,将其放在佣人周妈的房间。她连续高烧不退,躺在床上说胡话,叫闹着说房顶都是鸡蛋壳,赶快清理掉。

听说妹妹没救了，叶笃正急得哭了。他要去看她，周妈拦着不给进去，说是老爷吩咐的。这时，日本医生来了，叶笃正跪了下去，抱住他的腿，泪流满面地说："医生，你一定要救我妹妹！"

医生深受感动，说我一定尽力。

结果，笃柔救过来了，可是十弟却走了。

看着奶奶痛苦不已的神态，笃柔也哭了："还不如让我死去，换老十回来。"

"不，你们一个也不能走！为什么医学这么不发达呢，单单一个猩红热就夺走了我的弟弟，我善良的弟弟？"叶笃正难过地询问。

十弟的死对叶笃正触动很大，也更让他懂得珍惜兄妹间的感情。

叶笃正对奶奶的最早记忆是从给她请安开始的。

每天很早，奶奶的贴身女佣崔大大给她梳妆，刘姨太和陈姨太在门口伺候。梳好妆后，她们则回各自房间，叶家孩子们就进去给奶奶请安。

奶奶端坐在床边的围椅上，腿上盖个毛毯。孩子们请安时，她一脸的幸福，顺便问问这问问那。

叶笃正说话的声音总是很小，不像哥哥姐姐们总是大声说"奶奶好！"

大家请完安后，奶奶把叶笃正叫住，说道："小七，就你喊奶奶的声音最小，奶奶老了，耳朵不好，没听见，再请一次。"

小笃正说道:"奶奶好!"声音还是很小。

"奶奶还没听见,再喊一声!"

叶笃正又喊了一声奶奶,声音更小,惹得兄妹们都笑了。

奶奶将叶笃正揽在怀里:"小七模样多周正啊,就是胆子小了。奶奶对你说啊,这女孩子不能太霸道,男孩子不能太温柔。你是男孩子,你心中怎么想的,要大胆说出来,这样才是男子汉!"

做个男子汉,这是奶奶教给叶笃正的最初的道理。不过,他后来对"男子汉"的理解更为深刻,那意味着要内心强大,敢于担当,不一定是要大嗓门去嚷嚷,更不是靠霸道与拳脚的力量。

随着年龄的增长,叶笃正也了解了奶奶的许多事。奶奶老家在被称为"文都"的桐城,是宰相之家。他还知道了桐城有个龙眠山,峰峦叠翠,风光旖旎。桐城派文章影响了清代数百年。

奶奶喜欢讲桐城一些人物的故事,最喜欢给孙子们讲的是"六尺巷"的故事。

奶奶给叶笃正的印象是很慈善的。她喜欢出去打牌,每次出去,马车都从对面马房里出来,进入叶家大门,在街院内等她。要饭的只要看到马车进院了,就聚集在门口,靠墙等着老太太。因而每次出门,奶奶都会让崔大大带着一袋零钱,一出门就发。

有一回,奶奶去河南,遇到一个小男孩,大冬天的,他棉袄里的棉花都露在外面。他跟着奶奶的马车跑,奶奶让佣人给他钱,他就是不要。马车跑,他也跟着跑。

奶奶停下车问他为什么？他说家里人都死了，自己不想冻死，要跟定奶奶。

奶奶便把他带回了家，取名小三，每天负责擦各房的油灯。后来，叶崇质将家里装上了电灯，他也就基本上没什么事做了，与叶家的黑狗"四眼"相依为命。

奶奶有时候也喊别人来家里打牌。通常是两桌，一桌输赢很大，一桌打小的，完全是消遣。打到下午，要吃一顿点心。厨子老郅会做点心，最有名的是螺丝旋烧饼，外脆内软，用手一捏，就出现像挂面一般的细丝，互不相粘。叶笃正有时候和兄妹们也趁机出来吃这些点心，

奶奶手脚大方，钱很快就用完了。没钱的时候她脾气就不好，叶崇质就得跪下来问寒问暖，还不能直接问"您是不是没钱啦"。这样一问，老太太觉得钱花得太快了，没面子，脾气会更大。通常都是叶崇质准备好钱，让她的贴身女佣崔大大送去。

叶崇质有时也自己送钱给老太太，但得找理由，否则她是不会接的。

有一次，叶崇质临出门，忽然想起什么似的。招招手把叶笃正喊过来："把这钱给奶奶送去。"

"好的。"小笃正接过钱朝奶奶房间走去。

"等一等，不能直接说是我给她零花钱，得找个理由，怎么说？"叶崇质喊住了儿子。

"我就说：'奶奶，爸爸说你心善，怕没钱给要饭的。'"小笃正想了想，回答说。

父亲对这个理由很满意。

奶奶七十大寿的时候。叶崇质提前一年就张罗,全家四十多个男女佣人全部分工,为老太太准备庆寿活动。

做寿当天,叶崇质在天津的安徽会馆摆了三天堂会,盛况空前。梅兰芳、程砚秋、尚小云、荀慧生这些京剧"四大名旦"都请来了。曾在清廷蒙藏院任职的票友言菊朋和拜谭鑫培为师的票友余叔岩也来捧场,一时,安徽会馆连门都关不上。

叶家的衰落是从叶崇质去世开始的。

1930年,农历是个马年。

这一天早上起来,叶崇质吃了两个萝卜丝饼,一碗水扑鸡蛋泡炒米。他准备去银行上班,出门时感觉到身体不太舒服。

"要不,今天休息一天?"陈姨太关切地说。

"不行,银行那有许多事啊。"叶崇质一面说,一面吩咐佣人准备马车,打算先去看自家特定的日本医生。

医生认真给他检查,说没什么,就是血压有点高,让他饮食清淡点,注意休息。

回来经过金刚桥的时候,一辆人力车爆胎,发出一声惊天响声。两匹马受了惊吓,立了起来。马车倒了,马夫也摔在地上爬不起来。

众人把叶崇质从车里拉出来,他浑身发抖,说话不流畅了,额上全是汗。

"叶老爷,我送你回去。"说话的是邻居钱家的一个佣人,正是几年前翻墙到叶家行窃,被叶笃正弟兄放了出来的那个人。他找了一辆人力车,把叶崇质送回了家。

回到家,叶崇质勉强走到大太太房间,对她说:"我不行了,衣服湿透了。"

自从丈夫娶进两个姨太太后,大太太很少与叶崇质说话。但她照常管这个家,按月发各房月钱,没事的时候就一个人喝酒,偶尔用眼睛瞪着丈夫。现在,他这个样子回来,吓坏了她,忙喊人过来,自己赶紧为他找衣服。

陈姨太急匆匆跑过来,叶崇质紧紧拽住她,不一会儿,坐在靠窗的一个凳子上,头一歪,倒在陈姨太怀中。

"老爷,老爷!"顿时,院子里一片哭声。

孩子们的姑爸叶婉如也带着女儿回娘家了。一看哥哥这个样子,她哭着拉女儿和侄女笃柔跑到出事的金刚桥磕头,求老天保佑。额头都磕破了,回到家,刘姨太、陈姨太额头上也都磕了一额头的包。

天津的三个名医都请来了,最终还是回天无力,叶崇质死于脑溢血。

家人将叶崇质的尸体停在大太太房间的外间,天气燥热,不得不买来许多冰块。

按照风俗,办理丧事要请张老太太到后院去。可是沉浸在悲痛中的老太太就是不肯出屋。她心里哪肯接受白发人送黑发人的凄凉现实。

大太太带着全家人,包括佣人,全都跪下,从堂屋到院外跪成一片,谁也不敢哭泣。叶笃正想着爸爸说要检查他背诵《离骚》的,可是,他还没背爸爸却永远睡着了,想着想着,禁不住哭出了声。旁边的姑爸掐了他屁股,他才忍住。

大太太这时说道:"请老太太到后院去。"

下面一片痛哭,哀求道:"请老太太到后院去。"

张老太太咳嗽了一声,哀求声停住,一片沉寂,孩子们气也不敢喘。

"好吧。"张老太太终于说话了。两个佣人赶紧抬着她去后院陈姨太的房间。经过停放着儿子尸体的房屋窗前,老太太没有泪,说道:"文樵,你好啊!你好啊!倒是走在我前面了。"

家人为叶崇质买了厚实的金丝楠木棺。盖棺的时候,两个姨太太泪人一般叫喊:"老爷,老爷!"叶笃正也和兄弟姐妹们一起哭喊着爸爸,可是再也听不到他的回应。

父亲叶崇质走了,这个家只能老大叶笃仁来当。他只得从北京商学院回来,在银行里谋了一个差事,并开始料理家务。

叶崇质的存款在银行保险箱里,具体数额谁也不知道。大家想,以他的声望和地位,这存款应该是个大数字,叶家今后的生活开销都靠这个呢。

保险箱打开了,出乎意料的是没有多少存款,反而是叶崇质帮助别人的一些借条和凭证,他总是帮助别人,尤其是在天津的安徽同乡,大家都称他为叶善人。

大太太喃喃地说:"看来,我们叶家今后只能节衣缩食了。"

叶笃仁当了几年家后,弟弟们都长大了,他们陆续走出了叶家大院,有的出国留学,有的走上革命的道路。

接下来的几十年,风云突变,暴风骤雨。叶家弟兄分散各地,他们曾经生活的地方已经旧踪难寻。

# 第三章

# 南开岁月

　　也就在父亲死的这一年,14 岁的叶笃正与胞弟笃成一道,考取了天津著名的南开中学,编在 35 班。

　　南开中学成立于 1904 年 10 月 17 日,由著名教育家严范孙和张伯苓创办。当时,国家内忧外患,曾任清末翰林院编修、贵州学政的严范孙创办了私立学堂,聘请毕业于北洋水师学堂的张伯苓执教,他们决定发展新式教育,走教育救国之路。

　　严范孙去世后,张伯苓任南开校长。他还多次赴日本、欧美各国留学考察,有着开阔的教育视野,坚决反对死读书。他认为教育不仅仅是让学生读书习字,更重要的是培养学生健全的人格。因而,在南开中学里,学习、道德、体育一样受到重视。很快,南开成为一所人人向往的学校,梁启超、黄兴、黎元洪、冯玉祥、熊希龄、袁世凯、张学良、陈寅恪等社会名流,都把自己的子女或亲属送到南开读书。

张伯苓很重视师资力量。当时的南开中学,不仅有张信鸿等著名的理科老师,还有叶石甫、孟志孙等国学老师,还有一些国外回来的外文老师。其中有一位李尧林老师,长得英俊潇洒,经常教学生英文诗,帮他们排演英文话剧。他的弟弟巴金,后来成了著名作家。

叶笃正很喜欢南开,这里的教学模式与家里私塾完全不一样。每天六点半,铃声响了起来,大家纷纷穿衣起床,到大操场去锻炼身体。

南开中学老校区

吃完早饭后,上午全是课程,紧张而充实。下午主要是实验课和作文课,其他时间为自修。四点一过,教室里几乎看不到学生了,大家全都到各自的兴趣场所去了,写文章的写文章,唱歌的唱歌,演戏的演戏,锻炼的锻炼,比赛的比赛。

晚饭后,南开校园又沉浸在一片安静之中,学生们在灯下自习,十点准时熄灯就寝。

校长张伯苓经常对学生说,我们过去的教育,从来不注重身体锻炼,那是最大的错误。没有好的身体,你学得再多,有什么用呢?这时候的南开校园里,篮球场有15个,足球场有5个,网球场有17个,还有400米标准跑道,各种体育器械一应俱全。这些在当时的国内其他校园几乎都是没有的。

叶笃正最喜欢的运动是打乒乓球。学校有个萧萧乒乓球队,他是主力干将。此后,这个运动爱好陪伴了他一生,工作累了,打打乒乓球,既解除了疲劳,也锻炼了身体。

初一读完的时候,叶笃正想读初三。他觉得与弟弟笃成读一个年级很尴尬,便找到校长张伯苓,说出了自己的想法。

张伯苓拍拍他的肩膀说:"好,你是个有志向的孩子,但读初三要考试,你只要通过考试就可以跳级。"

暑期两个月,叶笃正不出去玩,在家里自学初三课程,不懂就请教哥哥们。开学的时候,他果然考取了初三,成了一名跳级生。

叶家除了笃正、笃成外,还有三哥笃义、五哥笃庄、六哥笃廉在南开中学读书,因为他们都有成就,人们称他们为"南开五虎"。后来,妹妹笃柔也就读南开中学。

叶家是著名的"南开世家"中的一族。

渤海之滨，白河之津，

巍巍我南开精神。

汲汲骎骎，月异日新，

发煌我前途无垠。

美哉大仁智勇真纯，

以铸以陶文质彬彬。

这是 1918 年末，张伯苓从美国哥伦比亚大学留学回校后，请音乐教员孙润生审定的南开校歌，希望用歌词的形式将南开精神灌输进学生的心田。

张伯苓办学思想的远见性体现在许多方面。比如，早在 1932 年 7 月，他与张学良、王正廷等力促刘长春参加洛杉矶奥运会，这是中国人第一次参加奥运会。

重视社会调查也是张伯苓独特的教育思想。南开为此开设了社会调查实践课，在这个课上，叶笃正随老师走进了医院、厂矿、监狱、救济院、农村，目睹了中国社会的方方面面，了解了在叶家大院无法知道的许多事。

在家里成长的岁月里，叶笃正接受最多的是封建礼仪教育，听到最多的是祖父、曾祖父们的故事。要好好学习，像祖辈们一样为家族争光，这是他最初的奋斗动力。随着对社会的了解，对贫困人民接触的增多，他年少之时便逐渐有了正义感。

有一次，叶笃正和同学们经过省政府旁边（1930 年 11 月至 1935 年 6 月，河北省省会由北平迁至天津），看见有个老人在那里卖东西，从省政府里走出一个兵，大声呵斥，不让他卖,还踢了他。叶笃正很生气,准备上前说理,被同学拉住了。

可是,正当叶笃正准备离开时,省政府里出来许多兵,将老人围住。

"你这老头,哪儿不好摆摊你摆到这儿来了。知道这是什么地方吗?不认识对吧,我告诉你,这是省政府,知道吗?快滚!"

"各位官爷,我只是摆摊挣些钱养家,马上就走。"老人唯唯诺诺的,动作也不利索。

一个卫兵嫌老人动作慢,很是不耐烦,一脚把摊子踢翻了:"等你等到什么时候!净来给老子添乱!"

眼见另一个卫兵还要过去用脚踩,叶笃正立马冲过去,喊道:"住手!"

"哟,来了一个嘴上没毛的,怎么啦?找死吧?"卫兵把目光都盯到叶笃正身上。

"这里不能摆摊,告诉他,让老人家走就是,何必弄坏人家摊子?你们必须赔礼!"

"好小子,好好读你的书去吧,知道这是省政府吗?"

"我只知道省政府更应该爱民如子,省政府更应该尊长爱幼!"叶笃正提高声音说道,"你们仗势欺人,同土匪恶霸有什么区别?"

"你这是要来造反吗?"卫兵从未见过有人敢对他们如此嚣张,更别提是个中学生了。

"你们应该道歉,好好赔人家损失!"叶笃正说着,昂起头,挺起胸脯。

"这小子来造反了。"理屈词穷的卫兵恼羞成怒,几个人把叶笃正带进了省政府,扣了起来。

当时的社会,跟官府的士兵是没有道理可讲的。当家的大哥叶笃仁只得动用社会关系,把弟弟给弄了出来。

这段经历让叶笃正明白了,自己的国家,不仅仅是贫穷,不仅仅是受外敌欺凌,还有一些可恶可恨之人,他们没有能力和胸襟去挽救自己的国家,只会欺压自己的同胞。

怎样才能让自己的国家富强,人人平等呢?叶笃正开始思考这些问题。


在南开的校园里,叶笃正如饥似渴地接受知识。他越来越喜爱这所学校,也对理科越来越有浓厚的兴趣。仰望天穹,有许多为什么总是在他的心头悄然升起。

另一方面,民众的灾难,战火纷飞的岁月,又给他不同的砥砺与冲击。

1931年9月18日,日本驻中国东北地区的关东军炸毁沈阳柳条湖附近的南满铁路路轨,说是中国军队破坏铁路,以此为借口,向驻守在沈阳北大营的中国军队发动进攻。由于张学良命令东北军"不准抵抗",日本军迅速占据东北各地。短短四个多月内,128万平方公里的中国东北地区全部沦陷,三千多万百姓成了亡国奴。

"九一八"事变发生的时候,叶笃正才15岁。听到老师的关于这段历史的讲解后,他与同学们不约而同地询问,怎样才能把鬼子赶出东三省呢?

"希望就在你们这一代啊!"老师说道。

叶笃正听得很激愤,他想靠自己这一代人怎样才能赶走鬼子呢？他不是很清楚这个答案,但他在不断地思索。

当时,南开中学和日本租界挨在一起。经常,有一些日本兵到南开后边一块很大的空地打靶。上课的时候,突然传来砰砰的枪声,惊扰着求知的课堂。

同学们很愤恨这种行为。有的学生对着墙外鬼子大骂,有的捡石子砸过去,弄得鬼子气愤地朝天开枪。叶笃正不赞成这样做,他觉得这仅仅是一种泄愤,我们真正需要的是团结起来,强大起来。

天津曾经有一香火极盛的寺庙叫海光寺。早在1719年清代皇帝康熙南巡时,不但赐写了匾额,而且赐给了海光寺两副对联,一副是"香塔鱼山下,禅堂雁水滨";另一副是"水月应从空法相,天花散落映星龛"。从这两副对联可以想象海光寺昔日的美景。

然而,早在叶笃正出生前,海光寺就被洋人的炮火摧残得面目全非。现在,这里叫海光寺兵营,驻扎着日军的一支部队。日军在海光寺要做炮台,便拉来中国人为其服务。完工了,日军常常在兵营里将中国人杀了,把尸体扔进大海。叶笃正看到海里漂浮的同胞的尸体,从一开始时的恐惧震惊,到后来的对日军的仇恨,逐渐转化成一种责任感、使命感。

当时,叶笃正在南开中学

张伯苓

也接受了很多爱国教育，因为那时张伯苓将爱国教育作为教育核心。日本加紧侵入东北地区时，他在南开中学成立了"东北研究会"，组织师生调查研究东北遭受日本侵略的情况，并编成《东北经济地理》教材，作为学生必修课。

张伯苓经常给学生讲国际形势，指出中国贫困的缘由在于我们孩子念着子曰诗云的时候，别人已经进行了工业革命。他谆谆告诫自己的学生："爱国、救国的方式很多，打仗是军人的职责；作为学生，我们的责任是掌握知识，最好的选择是科技救国！"

科技救国，这是叶笃正在接受爱国教育的同时，接受的另一重要的理念。他为此单独与张伯苓校长交流过，讨论怎样实现科技救国的理想。

"你现在的任务是好好学习知识，打下扎实基础，争取考取清华、北大，有机会再争取出国留学，学习他们先进的科技，回过头来救中国。我们不得不承认，中国的科技目前是远远落后于欧美发达国家的，如果再没有一批有志青年去学习他们，差距会越来越大。笃正啊，你是一个有志青年，一定要目光远大。"张伯苓深情地说，叶笃正深情地点头。

后来，叶笃正回答别人提问说："我在美国获得博士学位后为什么要回国，就是要给中国做事，把中国的事搞好。张伯苓校长太不容易了，我就是要学他，要有他那样深刻的思想、深远的见识。"

1934年，老师带学生去山东曲阜做社会调查。这里是孔子的家乡，叶笃正回想着自己小时候学习论语的情景，再联

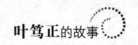

想到五四新文化运动对孔子的批判,心中满是感慨。

他们登上了泰山,欣赏着祖国无比壮美秀丽的景色。"多么美丽的河山啊,值得我们无限热爱!"大家举目四望,纷纷感叹。

在泰山上,当听说察哈尔民众抗日同盟军总司令、爱国将领冯玉祥栖身在普照寺正殿后的一座两层小楼里,叶笃正很是敬仰他,央求老师带大家前往拜访。

眼前的冯玉祥,浓眉大眼,一身浩然正气。同学们都知道他在1924年趁直奉两军在石门寨、山海关等地激战时,回师发动北京政变,推翻了军阀政府,把末代皇帝溥仪赶出了宫,电邀孙中山赴京共商国是。后来只是迫于形势,不得不向奉系军阀张作霖、皖系军阀段祺瑞妥协,组成了北洋政府。

冯玉祥得知眼前是从南开中学来的学生,很有兴致地同大家交谈:"我老家在安徽,但从小在保定长大,早就知道南开,了不起啊!张伯苓校长有远见,让学生不能死读书、读死书,要爱自己的国家,他说国家如果亡了,我们连书桌都没地方放啊。我今天蛰居在这泰山,不是沉溺于大好河山,而是等待时机为国效劳啊,等待着带病抗日救国!"

同学们使劲鼓掌。叶笃正的手掌都拍红了,隐隐作痛,眼前的冯将军一番话激荡着他少年的心,使他深受鼓舞。

1934年,第十八届华北运动会在天津召开。河北省省长于学忠担任这次运动会的会长,张伯苓任运动会副会长、总裁判长。

10月10日,运动会隆重开幕,由几百名南开大学、南开中学、南开女中组成的"南开拉拉队"开始了表演。

精彩的表演吸引了众人的目光,掌声一阵连着一阵。省长于学忠不时地向张伯苓竖起大拇指:"南开,好样的!"

这时,哨笛一响,几百人用黑白两色手旗打出"勿忘国耻"四个大字。三万多观众的目光一齐投向"南开拉拉队",狂风暴雨般的喝彩声响起来。突然,哨子又响起一声,"勿忘国耻"换成了"收复失地"四个大字。

这表演明显是针对日本人加紧对华北的侵略行径而展开的。这深深刺痛了现场的日本天津驻屯军司令官梅津美治郎,他气势汹汹地向于学忠和张伯苓提出抗议,要求赔礼道歉。

张伯苓据理力争:"中国人在自己的国土上开展爱国活动,这是学生们的自由,作为校长,我是无权干涉的!"尴尬无措的梅津美治郎愤而退席,立刻向河北省政府和天津市政府交涉司提出严重抗议。

随后,日本驻华大使馆向南京政府外交部提出抗议。结果是南京政府出面让张伯苓约束学生,不要有出格行动。

上头指令下来,张伯苓不得不应付。他把这次活动的学生领袖们找来"训诫",第一句话说:"你们办得很讨厌。"

学生们不说话,但是悄悄嘀咕着。

第二句话说:"你们讨厌得好。"

学生们望着校长,一时还没有明白他的意思。

第三句话是:"下回还那么讨厌,但要巧妙地讨厌。"

学生们明白了,校长是支持他们的行动的。他们激动地拥抱着校长,说下次一定巧妙。

1935 年 7 月 6 日,南京政府亲日派首领何应钦与日本天津驻屯军司令官梅津美治郎签订了卖国的《何梅协定》,内容主要是:取消河北境内的国民党组织,撤出河北境内的中央军,取缔一切反日团体和反日活动。之后,日本侵略者及大小汉奸大肆鼓噪河北、山东、山西、察哈尔、绥远实行"华北五省自治"。

这深深刺痛了爱国青年的心。北京一些大学生和群众一起上街游行抗议。很快,南开中学的学生积极响应,要示威游行。

张伯苓对这样的行为也很愤恨,但他不支持学生放下课本搞爱国运动。因为作为一校之长,他要为大家的人身安全着想。

外面的反日浪潮日涨。叶笃正和同学们实在是按捺不住,大家决定去校长那儿请愿,让他们去街上游行。

对于严厉而又威严的校长张伯苓,学生们内心是很敬畏的。有人说:"咱们去了也是白去,只会惹校长生气,我们自己还要挨一顿批。"好多人想一想也点点头,附和着。

"咱不去怎么知道呢。就算挨批,我们也应该站出来让校长知道我们的心声。"平时很少言语的叶笃正说道,"国难当头,怎能平静读书? 国要亡,读书何益? "

大家觉得叶笃正说得很有道理。青年热血,一群人好不热闹地往校长张伯苓办公室而去。

去办公室的路上,其中有一个人小声对他的好友说:"咱俩还是别去了吧,就张校长那脾气,咱们保不好要被记过。"他的朋友点点头,两人便回去了。

其他人也逐渐失去底气,硬着头皮进了校长办公室。果然不出所料,张伯苓态度很明确,国家的事让大人去奔走眼下,还没到让学生冒着生命危险去游行的时候。

学生们都出来了,最后只剩下叶笃正一个人还在与校长争辩。

张伯苓本来是非常喜欢这位成绩优秀的学生的,看他还不走,便说道:"你怎还不明白我的意思呢?我们是应该爱国,但要理性,作为校长,我首先得考虑你们的安全。没有安全保障的一切行动,都是没有意义的。"

"可是,国难当头,我们青年学生怎么可以置之不理呢?古往今来,多少仁人志士为了国家敢于抛头颅洒热血。我们南开学子怎么能只考虑个人安全,那是苟且偷生!"叶笃正提高了声音,看着他敬重的校长。

张伯苓也被他这句话顶住了,很生气地说道:"我相信,就是你父亲叶崇质先生还活着,也不会让你去!"

"我父亲当然不会让我去,他从小接受的是封建教育,脑子里最大概念是家而不是国。"叶笃正越说越带劲,"作为当代的爱国青年,我不能以我父亲的标准来衡量,比如,他有三个夫人,并且,我的两个姨娘在家里完全没有地位,这是很不对的!"

张伯苓校长见这个平时乖巧的学生现在竟然跟自己喋喋不休,勃然大怒起来:"你这是无知、幼稚!你不了解社会!你以为你说得在理?你想过吗?历史上有多少抛头颅是冲动的、没有意义的。是的,为了国家,必要时要肯牺牲。那是必要时,记住,必要时!你还在批判你父亲?记住,你父亲是天津老百姓们都敬仰的,他有三位夫人,那是封建社会允许的。是的,你的家庭有一些在你看来很不平等的制度,可是,一个大家族没制度没规则行吗？我们是要改变一切不平等，但不是搞冲动性的破坏，做无谓的牺牲。好，你要上街游行，表达你所谓的爱国热情，可以，请你先回家，南开不要你，你爱怎么闹怎么闹去，只要你的家庭同意！"

张伯苓校长要把叶笃正开除并不只是一时的气话，他觉得现在的形势下，只能杀鸡儆猴，杀一儆百了。

在高中即将毕业的节骨眼上，被开除了怎么办？当时，教授西洋史的韩化信老师对叶笃正最喜爱，他急忙去找校长张伯苓求情，这才保住了他。

叶笃正后来回忆这段经历时说："当时，我感觉到，如果这件事我应该做我就去做，至于后果，我当时都没想。国家的概念，深深地埋在我心中。现在回想起来，也是理解张伯苓校长的，他是希望学生爱自己的国家，但要理性。尤其希望我们一批成绩优秀的南开学子走上科技救国的路。"

1935年7月，叶笃正高中毕业，随后以全班榜首的成绩考取清华大学理学院。

从14岁懵懂少年到19岁风华正茂的青年。叶笃正在南开度过了难忘的5年。

南开中学的教育文理交辉，八音协奏。当初，与叶笃正一同进入南开中学的共有450人，分成9个班上课。到高三时只有141人毕业，其中还包括一些插班生。但这141人中，后来出了三位中国科学院院士，除叶笃正外，还有化学家申泮文、地质学家关士聪。此外，还出了一位美国工程院院士刘维正，二十多位大学教授、四十多位高级科技人员，还有现代诗人穆旦,他在南开时叫查良铮,与作家金庸是同族的叔伯兄弟。

要离开南开去清华,叶笃正心中很是难舍。临行前,他再次与弟弟笃成来到美丽的校园,正好碰上了同班同学申泮文。

得知申泮文考取了南开大学化学系,叶笃正很为他高兴,也正很佩服与自己同龄的申泮文。他家境贫寒,出生在广东省从化一个工人家庭,但父亲为谋生携家北上,备尝艰辛地供他读书。因而,从申泮文身上,叶笃正看到了自立自强,看到了勤俭向上。

面对未来,他们很自然地聊起了理想。

"张校长说得对,国家贫弱,需要我们学好本领!"

"对,我学物理,你学化学,我们都用知识来改变我们的国家。"叶笃正坚定地说。

晚饭的时候,三人在校园外的馆子里小撮了一顿,算是庆贺。临分手的时候,叶笃正说:"泮文,生活上有困难告诉我,虽然我家是大哥当家,毕竟有些产业,家境比你好!"

申泮文感激地点点头。

*1935 年叶笃正*
*南开中学毕业时的照片*

由于成绩优异,他在南开大学免缴每年 90 元的学宿费,生活费也是自己勤工俭学获得的。1937 年,日军炸毁了南开大学校园,南开大学奉命内迁,申泮文的奖学金也就终结了。

1936 年,笃成也从南开中学毕业,考取了北平大学。

叶笃正对母校南开中学一直怀着特殊感情。1994 年庆祝南开中学建校 90 周年的时候,他参加了。

2004 年 10 月 17 日,南开建校 100 周年,他又参加了,他很动情地对母校说:"我们要按照老校长的教育思想,一定要把德育放在首位,要懂得做人道理,要给国家做事。现在中国人站起来了,但我们还没有完全站直。中国人要完全站直,要依靠下一代,希望他们将来站得更直更挺!"

学校送给他的一百周年的纪念章,他一直别在衣领上。

从家到社会,南开中学是叶笃正人生中的重要驿站。

第四章

# 大学时代

　　"自强不息,厚德载物。"美丽的清华,厚重的校训。

　　清华大学是叶笃正向往的大学,许多英才从这所著名高等学府走了出去。胞兄叶笃廉也在这里读化学系。

　　让叶笃正引以为豪的是,清华校长梅贻琦是 1904 年毕业于南开中学的第一批学生,从美国留学回来,一直在清华任教并出任校长。早年,叶笃正从奶奶和父亲口中已得知,梅家在天津是一个了不起的家族,明代的时候,梅满儿奉命赴津任右卫指挥使,他的曾孙梅殷是朱元璋的二驸马。梅贻琦弟兄几人,都是卓有建树的。这可以说是叶笃正的榜样。

　　清华云集了许多优秀学子。大一时不分系,新生统一编班接受通识教育。叶笃正班里,云集了来自全国各地的优秀学生,这其中有后来成为中科院副院长的严东升、外交部副部长章文晋、美国国家工程院院士施铨元。在一个群英荟萃的学校里,他接受了一流的高等教育。吴有训、萨本栋教普通物理,张子高教普通化学,雷海宗教中国通史,萧蘧教经济学,叶公超教高等英语……这么多大师级人物为本科生上课,让叶笃正大大拓宽了知识面。

1935年11月,北平许多中学和大学的学生成立了"北平市学生联合会",北平女一中学生郭明秋为主席,清华大学的姚依林为秘书长。

姚依林是叶笃廉的朋友,叶笃正随哥哥见过他。他是安徽贵池人,算起来比叶笃正小一岁,但显得成熟,知道的事多,有主见。

叶笃正不知道,哥哥叶笃廉和姚依林都悄悄加入了共产党。为了不影响家里人,叶笃廉还把名字改成了叶方。

"既要把书读好,更要做个拥抱时代的热血青年!"这是哥哥叶笃廉经常告诫弟弟叶笃正的话,他还经常带叶笃正参加一些大学生的演讲活动。

同年12月6日,北平学联发出通电,反对"防共自治",动员全国人民抵抗日寇侵略。就在这天,传来了这样一个消息——在日本侵略者的逼迫下将于12月9日成立"冀察政务委员会"。

学生们决定9日当天举行游行大请愿,由北大数学系大三新生黄敬任游行队伍总指挥,姚依林、郭明秋进行队外指挥。

在大学生中,黄敬年纪较大,也富有斗争经验。他原名俞启威,1924 年就读于天津南开中学,1930 年在上海参加左联文艺团体南国社,1931 年考入了国立青岛大学,领导学生运动,两年后担任中共青岛市委宣传部部长,由于叛徒出卖被捕入狱,被营救出狱后仍然参加革命。1935 年他来到北平,考取了北大数学系,插班读大三。

12 月 9 日凌晨,滴水成冰。爱国学生的抗日怒火像火山一样爆发,东北大学、中国大学、北平师范大学等校的学生举着大旗和标语,分别朝着新华门进发。

清华大学在城外,为了能准时赶到集合地点,叶笃正和同学们很早就起床,沿着平绥铁路,向西直门进发。

8 时左右,燕京大学的队伍也到了西直门,两校学生汇合在一起。但是城门紧闭,无法进去。原来,北平当局事先接到西郊警察署长的报告,早已将西直门关闭了。

"中国人的城门为什么不允许中国人进去?"站在叶笃正身边的一个高个学生带头喊了起来。

学生们立即呼应,口号声不断。

"反对华北自治!"

"打倒日本帝国主义!"

叶笃正很快知道,原来带头喊口号的是燕京大学一位负责人朱少天(化名),便与他攀谈起来。朱少天算起来比叶笃正小几个月, 他 1916 年 12 月出生于山东单县一个名门望族家庭。父亲 1904 年赴日留学,随后加入同盟会,1911 年潜回上海、武昌等地参加辛亥革命活动,后来在青岛大学等校任教授。

受父亲影响,朱少天爱国热情高昂,1933 年,在北平大学附属高中就读时就加入了"左翼作家联盟"。1935 年,他考入北平燕京大学社会学系，成为校园内活跃的学生运动负责人。

叶笃正内心很激动，为自己投身时代的洪流，为认识一批风华正茂的热血青年而感到激动。

愤怒的口号响彻云霄。他们准备改变道路进城，可周围已布满了军警，并架起了机关枪。

不能做无谓的牺牲，叶笃正和同学们一面与军警交涉，陈述爱国热情，一面在严寒朔风中向居民展开宣传。

新华门前汇集了中国大学、北平师范大学等十多所学校的数千人。同样是城门紧闭，军警宪兵手持刀枪，杀气腾腾。

学生代表要求见北平军分会委员长何应钦。11时，何应钦让秘书侯成出来与学生对话，但他对学生的要求一味敷衍。

学生们极为愤慨，振臂高呼"打倒卖国贼""示威游行"！

许多市民、教授也加入游行队伍，经西四、护国寺、地安门、沙滩抵达王府井大街时，已增加到四五千人。

王府井大街南口布满了军警，他们挥舞皮鞭、木棍、钢枪，不许学生过去。

群情激奋，学生们强行通过。军警用水龙头对着学生扫射。被淋的同学，经北风一吹，立即变成了冰人。

"强盗的军警！同学们，冲过去！"随着一声喊，同学们与军警展开了搏斗，当场有数十人被捕。斑斑血迹残留在结冰的地面上。

在西直门，学生还在等待进城的机会。一直到傍晚时分，仍然是城门紧闭。散发了一天宣传材料的叶笃正感到又冷又饿。

"给！"叶笃正一看，一位漂亮的女生递给他一个窝窝头，"饿了吧，填一下肚子！"

叶笃正接过来塞进嘴里，感激地看着她。她留着学生发型，圆润的脸庞，皮肤白皙，明朗的眼睛忽闪忽闪的，充满了青春活力。"你是？"叶笃正不知道她是哪个学校的，便询问起来。

"跟你一个学校的，叫高洁（化名）。你不认识我，但我认识你，经常在图书馆里看到一个帅气的小伙子在看书，那就是你！"女孩大大方方地说道。

叶笃正望着她，不知不觉脸红了。

传来消息说王府井大街那边军警逮了许多学生，游行队伍被迫解散回校。

叶笃正与高洁并肩走着，两人聊得很愉快。他惊诧于她丰富的见识，觉得跟她学了不少东西，三十来里路，竟然变得很短很短。

通过聊天，叶笃正了解到高洁老家在山东菏泽。菏泽古称曹州，原是山东省西南边陲的一个府，位于孔子出生地——曲阜的西南方，相距约百里。

高洁的外祖父姓宋，是满清末年最后一批公费留学日本的留学生中的一员，与孙中山志同道合，加入了同盟会，参与相关革命活动，他是中国国民党的创党元老。高洁与小姨宋英（化名）和妹妹高浩都在北大、清华读书，并积极参加学生救亡运动。

叶笃正不禁对高洁的家世和她的爱国之举刮目相看。

"一二·九"的抗日怒吼，震撼了古都北平。

北平学联及时总结斗争的经验教训，部署下一步工作。12月11日，全市各中学和大学的学生联合罢课。随后，为抵制当局在12月16日成立"冀察政务委员会"，学生发起了"一二·一六"游行，再次遭到军警的镇压。

接下来的几个月，因为当局的重点监管，学生运动暂时停止了。叶笃正开始过上了在清华园静心求学的生活。

水木清华，荷塘月色，竭尽玲珑剔透；穹顶礼堂，东门主楼，尽显规模气派。叶笃正很爱蕴藏着古典质朴气息和现代科研氛围的清华校园，爱清华园内每一个人的内敛与质朴。这里没有攀比，没有浮华，有的都是在为各自的理想去孜孜追求的勤勉精神。

在这里，还有聪明漂亮的女友高洁与他一起讨论各种问题，彼此相互勉励，这真要感谢命运的厚爱。

高洁身上有一种浓郁的文艺气息。她经常参加学校剧社演出，叶笃正便在台下陶醉地欣赏。两人常常一起到近春园体会朱自清教授《荷塘月色》的意蕴。

有一次，叶笃正发高烧，住进了校医院。他感到最开心的事就是下课后高洁总要来看他，给他讲校园内外的新鲜事。

这天，高洁带来了一兜梨。她挑了一个圆润的大梨子，坐在病床边削梨，削好后把梨分成两半，叶笃正一半，自己一半。

叶笃正看着手中的半个梨，没有动口，说道："我奶奶说过，二人不分离（梨）。"

高洁笑了："没事儿的，那是封建社会的话。"

"真的？我俩不会分离？"

高洁用纤细的手指刮着他的鼻子："真的，哪找你这么优秀的大学生！"

叶笃正放心地吃起来，甜透心窝。

转眼间，寒假到了。高洁告诉他，薄一波在太原办军政训练班，还特意为大学生女兵办了一个训练班，她约叶笃正一起去参加。

叶笃正有些犹豫，他想寒假回天津陪陪娘，也看看南开的老师和同学。

高洁没有勉强他，只是微微一笑，说这也是应该的。

一天傍晚，两人在静斋附近的小路上散步。高洁望着叶笃正，微笑着说："我给你唱支歌吧！"

叶笃正笑着点了点头。

"我们不要忘了救亡的使命，我们是中国的主人，中国的主人，莫依恋你那破碎的家乡，莫依恋你那空虚的梦想，按住你的创伤，挺起你的胸膛，争回我们民族的自由解放……"这首《工农商学兵》满含悲愤，又不失激昂，歌声飘荡在夜空中，也渗进了叶笃正的血液里。他轻轻地拭去高洁眼角的泪水，坚定地说道："我答应你，一起去太原，参加训练班。"

高洁一听，笑了，明亮的月光照着她美丽的脸庞，叶笃正轻轻将她搂在怀里。

寒假到了，叶笃正没有回家，只是给当家的大哥写了一封信，让哥哥笃廉带回去了。

"你要去太原？这个寒假，姚依林、黄华、黄敬都去我们家，正好可以一起学习呢。"叶笃廉说。

　　"我已经答应同学,去参加军政训练班。"叶笃正为难地说。

　　"那样也好,好好锻炼!"叶笃廉勉励着弟弟。

　　短暂的寒假期间,目睹军人的严格训练,接受了另一种风格的教育,这让叶笃正深受教益。

　　1936 年 2 月,学生们过完寒假陆续返校。一到学校,叶笃正就经哥哥笃廉和同学李昌介绍加入了中华民族解放先锋队。大家都叫它"民先队",成员共 300 人左右,分成 36 个分队进行抗日宣传,高洁、朱少天也加入了这个组织。

　　在一次随李昌搞宣传活动中,叶笃正听说北平十七中参加游行的十个学生领袖被开除了。

　　"清华的学生会怎样呢?"叶笃正有些担心,倒不是担心自己,而是担心哥哥笃廉。他知道哥哥与姚依林、黄华以及北大的黄敬等学生领袖走得很近,是学生运动中的活跃分子。

　　李昌富有斗争经验,叶笃正把担忧说给他听。他宽慰叶笃正说:"你放

*1936 年 3 月 31 日,军警追捕运动学生,叶笃正在被追捕者之列*

心,你哥哥、姚依林和黄华都是睿智的,他们很会判断形势。"

听了李昌的话,叶笃正心中宽慰许多。李昌原名雷骏随,湖南永顺人,"九一八"事变后,他曾三次到南京请愿。1935年考上清华大学,很快也成为学生运动的积极分子。这年1月,北平学联组成平津学生南下扩大宣传团,中国大学的董毓华担任总指挥。下分四个团,黄华担任第三团团长,李昌任第三团先遣队队长。后来,李昌奔赴延安,解放战争时期,他任六十四军政治部主任。1982年,李昌当选为中央纪委书记。

29日黎明,清华园里一片安静。学生们还沉浸在睡梦中,忽然,一批军警开着数辆卡车,驶进了清华大学校园。他们冲入学生宿舍,将学生拉起来逐个查看,凡是认为可疑的学生都被拉到学校的大礼堂进行查问。

叶笃正被拉了起来,一个军警看了看他便放了他。另一个军警走过来,又把他拉了起来,把他带到大礼堂。

叶笃正蹲在礼堂后排,冻得浑身颤抖。是开除,还是进监狱?叶笃正心里有些害怕,他不想放弃学业,不想离开清华园。何况,他对这里还有一份莫名的依恋呢,那就是高洁。

这时,他看到高洁也被带来了,只穿了件毛衣,双手交叉地抱着肩。

她肯定冷,叶笃正为她担忧。"高洁,高洁!"他小声喊着。女孩似乎听到了,回过头来,用眼睛狠狠瞪着他,示意他别喊。

礼堂周围围了一圈持枪的军警。一个军官模样的人站在礼堂的前头,来回走动,目光一直盯着下面的学生们。

叶笃正对高洁的担心超过了对自己的担心,她在学生运动中也算一个有影响的人物了。想到这些叶笃正不由得浑身抖了起来。蹲在他旁边的同学章宏道，也是一名反日救亡的积极分子，看到叶笃正紧张的样子，轻轻摇摇头，说没事的。

这时，军官发话了："你们给我听着，待会我叫谁过来，谁就给我跑过来。问你什么你就给我回答什么，不要迟疑，不要思考！否则，你就跟着我们走。"

说着，一个个学生被叫过去了，副官拿着花名册提问。

章宏道稍稍凑过去，对叶笃正说："你上去了，不要说真名。你哥哥笃廉在他们的名单上，会牵连到你的，你最好用其他同学的名字。"

叶笃正轻轻点点头，思考着该怎么应对。章宏道告诉他说："你用施铨元的名字吧，他没有被抓来。"

叶笃正看着章宏道，说了个"好"。这时，军官突然大声喊道："底下别给老子交头接耳！你，就你，给我上来。"军官指的正是叶笃正。

"什么名字？"

"施铨元！"

"大几？"

"大一！"叶笃正目光直视着年轻军官的脸，心里却在扑扑跳动。

军官又问了几个问题，叶笃正都对答如流。

"嗯，回去做学生该做的事情，好好念书！"叶笃正瞟了一眼，在花名册上看到了哥哥叶笃廉的名字，他的名字还用红笔圈着。

走出礼堂，叶笃正仰起头长长地吁了一口气。这次排查，总算有惊无险地过去了,他心中暗暗感激章宏道。章宏道后来改名章文晋,地下工作者,1944年底调入第十八集团军驻重庆办事处,担任过周恩来的翻译,后来还担任过外交部副部长。

叶笃正恨不得撒腿就跑。但他没有走,他在等高洁,他要等着她平安出来。

高洁出来了,表情坦然:"你怎么还没走啊?"

"等你啊!"

"你在担心我?"高洁动情地问。寒冷但明亮的阳光照在她脸上,格外明朗。

叶笃正老实地点着头。

"闭上眼睛!"

叶笃正听话地闭上眼睛。

女孩忽然在他脸腮上深情一吻,吻完后咯咯地笑着跑开了。

叶笃正内心一阵甜蜜,追了上去。

1936年3月31日,这个日子叶笃正记得很清晰。

这天,吃过早饭,叶笃正准备去教室上课。高洁从后门喊住了他,问道:"干什么去?"

"上课。"

"服了你,郭清死了,你还有心思上课?"

郭清是北平第十七中学的高三学生,他因不满于学校开除十个学生领袖,愤然外出借宿。2月13日返校后,莫名被捕,遭严刑拷打,3月9日死在狱中。

叶笃正有些犹豫,说道:"今天的课是物理,我很喜欢的,也很重要的。"

"你读读这个吧,郭清写的。"高洁递给叶笃正一篇文章,题目叫《国难与国庆》。

叶笃正读着,被郭清的爱国热情深深感动了,含着热泪问高洁:"需要我为他做什么?"

"今天上午,在北大,学联决定为郭清举行追悼大会,以控诉国民党当局的暴行。我们必须参加!"

"走,参加去!"

在北大三院大礼堂里,聚集了各校学生代表一千多人,为郭清召开追悼会。

追悼会进行到一半的时候,北大校长蒋梦麟赶来了,勒令停止追悼会。

北大的著名精神是"大度包容,思想自由",校长怎么会阻止学生的爱国行为呢?原来,自1930年12月蒋梦麟担任校长后,他认为过去的北大精神导致了"纪律弛,群治弛"两个问题,要致力于"整饬纪律,发展群治"。因而,不允许学生的这种行为在校园内发生。

学生却置之不理。叫嚣一阵后,蒋梦麟无奈离去。

有学生发现,北大三院的大门已被军警特务封锁。参加追悼会的同学更加悲愤难忍,决定抬棺游行,得到一致响应。

可是,出不了大门啊。高洁到外面走了一圈,回来说道:"我有办法,在三院和孔德中学之间原本有一道门,只不过被人用砖头垒死了,把这堵墙推倒,就能从孔德中学冲到街上。"

学生们砸开了这堵墙,抬着棺材到长安街游行。

　　叶笃正和同学们在游行队伍里义愤填膺地高呼口号。当队伍走到王府井大街附近时,国民党军警手持凶器冲向游行队伍,乱打乱抓。军警用水龙头冲学生,学生们夺过水龙头去冲军警,冒死示威。

　　枪声响起,警棍乱舞,游行队伍还是被冲散了,军警到处追捕学生。

　　叶笃正等人还在队伍前面喊口号,这时听到有人在喊他们,并高呼"快跑,快跑啊"。

　　叶笃正扭头看见几个手持大刀和木棍的军警正朝自己追来。见势不妙,叶笃正撒腿就跑,往旁边的胡同里跑去。

　　穷凶极恶的军警不放过这群学生,在后面穷追不舍。

　　跑着跑着,叶笃正和几个同学跑进了一条死胡同。无路可走的时候,一位大叔指着靠在墙边的梯子说:"快翻到墙那边去。"于是,他们便搭梯子爬上墙头,跳到了墙外的河里。

　　墙那边仍在逃跑的叶笃正听到墙里面的声音:"有没有看到三个年轻人跑过?"

　　"没有没有!"

　　第二天,叶笃正从报纸上得知,这次游行中有53名学生和一名记者被捕。

　　这次逃命经历,叶笃正记忆深刻。后来,他担任教授期间,曾带学生到王府井一带寻找自己当年脱险的小河,但因面貌变化太大,没有找到。又一次,天安门以东的菖蒲河修复,展出了过去的老照片。叶笃正听说后,急忙来参观,一眼就从一张照片上认出了曾经跳墙过河的地点,那里的老房子和河流面貌让他永生难忘。

叶笃正在南开中学读书时，就喜欢理科，尤其喜欢物理。进入清华后，他准备倾其毕生精力从事物理研究。

在清华大学学习时，叶笃正仍然保持着在南开中学时的习惯，注重锻炼身体。最喜爱的运动还是打乒乓球。

一个傍晚，叶笃正又来到了乒乓球场。他喜欢球粒在空中飞舞的飘忽不定，他喜欢挥舞球拍时的紧张与淡定之感。乒乓球台边，只要轮到他上场，他那精湛的球技就会引来许多人的围观。

这一天傍晚，清华校园沉浸在一片绚丽之中。叶笃正尽情挥杀一阵后下场，一个气度不凡的年轻人走过来，拍拍他的肩说："你球打得好。"

球友介绍说，他叫钱三强，物理系大四学生，即将毕业，是钱玄同教授的公子。

在清华、北大，钱玄同的大名谁人不知啊。他出生在湖州一个书香世家，青年时代在日本早稻田大学留学，是著名语言文字学家，担任北大教授的时候，与陈独秀、李大钊、严复、胡适等一批有进步思想的教授一起，参加了新文化运动，是《新青年》的积极支持者和轮值编辑。

对于这位大自己三岁的学长钱三强，叶笃正早就听说。他不仅物理成绩好，而且有着深厚的文字功底。父亲给他取名秉穹，对他寄予厚望。7岁时，他被父亲送进了由蔡元培、沈尹默等人创办的孔德学校读书。在这里，钱秉穹兴趣广泛，对音乐、体育、美术都比较精通。一次，一个体质瘦弱的同学给他写信，信中自称"大弱"，而称他为"三强"。父亲钱玄同看见了直叫好，认为"三强"可以解释为立志争取德、智、体全面进步,便给儿子正式改名为"钱三强"。

因为共同的爱好,叶笃正与钱三强成了朋友。两人常一起打球、谈心。一次,两人谈到选择专业的事情。

"你们大一读完,就面临着选择专业了,你有什么打算?"钱三强问。

"我对物理感兴趣,准备选择物理专业。"

钱三强很关切地告诉他:"物理学理论多了一点,学起来很辛苦。当初我们一起报考的有两三千人,才录取了28人,坚持下来能毕业的估计也就十来人了。"

"辛苦我不怕,我想学好物理,用科学救国!"叶笃正说道,"物理实用,生活中离不开物理学。"

钱三强看着这个球技了得的小学弟,更对他的理想刮目相看,便说道:"笃正,跟你说个实话,选专业从实用性的角度来考虑,我很赞成。当下,要说什么最实用,我认为是气象学。现在的我,如果让我选专业,我会去选择学气象。你念气象学吧,很多的物理知识,也很适用于天气预报。天气与人们的生活息息相关,譬如台风来了,人们因为不知道,就会死好多人,如果做好天气预报的话就可以减少很多损失。中国气象学还是一个空白,这方面我们太落后了,国家急需这样的人才。"

钱三强这一番话给了叶笃正很大的震动。回去之后,他一个人思考了很久,终于下定决心,放弃自己热爱的物理而选择气象学。

气象学对数学和物理的知识要求很高,叶笃正深知这一点。他一点也不放松对物理和数学的学习,一头扎进知识的河流中,愉快而坚定地畅游。

高洁因为对历史感兴趣,学的是历史专业。

"一个是历史,一个是气象,我俩会有共同语言吗?我指学科上。"坐在圆明园的废墟上,高洁又一次问叶笃正。

"有啊,有历史就有气象!"叶笃正回答道。

两人相视一笑。

天空,云淡风轻。


1937 年 7 月 7 日深夜,卢沟桥的日本驻军不通知中国地方当局,在中国驻军阵地附近举行所谓的军事演习,并谎称有一名日本士兵于演习时失踪,要求进入北平西南的宛平县城搜查。这种蓄谋已久的挑衅行为遭到中国守军的严词拒绝。日军立刻向卢沟桥一带开火,向城内中国守军进攻。中国守军第 29 军 37 师 219 团予以还击。这拉开了随即而来的 8 年抗日战争的序幕。

29 军副军长佟麟阁,132 师师长赵登禹及无数士兵在抗战中牺牲。7 月 29 日,北平城沦陷。30 日,天津沦陷。

这时,叶笃正刚刚上完大二,无奈中他回到沦陷的天津。山河破碎,家园不再,叶笃正的心情很是沮丧。在大哥的支持下,家里人搬出了叶家大院,住进了租界。

清华校园不能办学了,学校何去何从呢?叶笃正不知道。叶笃廉没有回天津,弟弟们都不知道他的去向。叶笃正宽慰大哥,他肯定是随姚依林等人在从事抗日宣传活动,不会有事的。

女友高洁的消息也没有了,叶笃正内心很是着急。

10月份,叶笃正收到学校通知,去长沙上课。原来,北平沦陷后,清华大学、北京大学和南开大学搬到湖南长沙岳麓山下,组成国立长沙临时大学。

经过长途跋涉,叶笃正赶到长沙。让他高兴的是,女友高洁也赶到了。两个多月不见,她瘦了,叶笃正心中酸酸的。高洁笑了,露出整齐洁白的牙,宽慰他说:"没事的,在长沙能见到你我就很高兴了。我担心你去你大哥的银行上班,过一份安稳日子了。许多同学没来呢,有的工作了,有的转学了。"

"我的许多同学没来,严东升转到了燕京大学。"叶笃正说道,"我也准备转学,我三哥叶笃义和表哥姚曾廙都是燕京大学的高才生,校长司徒雷登很喜欢他们,他们建议我转过去,那是一所有美国背景的大学,日本人不敢冲破坏它的。"

"怎么不转呢?"

"舍不得,清华多好啊!"叶笃正呵呵地笑着。

"是为我还是为了学业?"高洁狡黠地问。

"都为。"叶笃正憨厚地回答。

"还有一个,为了可爱的中国!"

"对,为了可爱的中国!"

高洁眼睛湿润了,偎依在男友的肩膀上,动情地说:"笃正,我们处在家国存亡的十字路口,一定要用青春拥抱这个特殊的时代,报答我们的祖国!"

"我听你的。"

10月25日,长沙临时大学正式开学。11月1日,来自三个学校的一千六百多名师生正式上课。因为校舍没有完工,租用的是位于长沙韭菜园的湖南圣经学院作为上课场所。

炮火纷飞,时局很不稳定,校园怎能安宁?经常是防空警报一拉响,学生就放下课本疏散。叶笃正觉得与女友一起学习,并肩战斗,这是充实而快乐的。

就在叶笃正没来长沙的 8 月 13 日,中国军队在上海发起了抗击侵华日军的"八一三"淞沪战役。这场战役前后共历时 3 个月,虽然在 11 月 12 日以上海沦陷而结束,但它粉碎了日本"三个月灭亡中国"的狂妄计划。

上海陷落后,日军沿长江进犯南京。12 月 13 日南京陷落,三分之一的南京城被纵火烧毁,大量文物被掠夺,日军制造了举世震惊的南京大屠杀,三十多万同胞被杀害。

南京沦陷,武汉危急。12 月,蒋介石来到国立武汉大学阅兵。12 月 31 日,周恩来在武汉大学发表演讲,指出现阶段青年运动的性质和任务是救国图存,号召青年从军或以其他方式抗日。

此时,长沙临时大学掀起第一次从军高潮,数百人参加抗战运动。

这一天,许多学生聚集在学校广场,高唱抗日救亡歌曲。歌声激励了大家的爱国热情,二三十位同学纷纷报名参加战地服务团。

他们借用长沙周南女中的两间教室,设立团本部,定名为"湖南青年战地服务团"。这时从上海撤退下来的一批红十字会的护士和南京流亡来的一批中央医院的医生护士,也要求参加战地服务团,团员达六十余人,选举湘雅医院护士长李兰芳为团长,清华学生会主席洪同为副团长,北大学生会主席陈忠经为生活教育委员。

　　同在周南女中驻扎的第七预备师师部,对学生们的爱国热情很有好感,常有一些青年军官同学生一同唱歌、打篮球。师长李奇中还赠送一面"还我河山"蓝色团旗和演出用的幕布、锣鼓,对同学们关心备至。

　　年底时,第七预备师开往前方,特意拨给同学们一辆军用火车,由长沙驶到武汉。学生们在伤兵医院开展工作,为伤兵换药、洗伤口、写家信、讲故事……情绪高昂,工作努力,大家都认为这就是在为抗战服务。

　　在武汉,由几个负责人与国民党第一军接头,他们得到董必武的指示,要在国民党军队里进行抗日宣教工作,所以改名为"第一军随军服务团"。由武汉乘火车北上,经郑州、西安到虢镇,转乘汽车到达凤翔。

　　高洁动员叶笃正放下学业,走出校园,加入"第一军随军服务团",参加抗战运动。

　　"我内心一直想学好科技,用科技武装自己,报效国家呢。"叶笃正有些舍不得离开校园。

　　"科技报国?前提是国家存在,有国可报。眼下是什么情况?我们民族到了生死存亡的时候,一个热血青年怎能静心读书?笃正,先救下我们国家和民族,等安定了,我们再回到校园安心地读书,这样好吗?历经战火纷飞之后,我们的理想会更坚定,我们的爱情会更坚贞!"

　　叶笃正被说动了,说:"你说得有理,我们一起投身战场!"

　　他们直接到西安,住在高洁的姨妈家中,等待第一军随军服务团的到来,等待接到抗战任务。这段日子里,高洁积极参加抗日宣传演出活动。

1938年元月的一天，叶笃正、高洁得到清华学生会主席洪同的电报，他们的战地服务团将去凤翔，路过西安，希望叶笃正和高洁一同随行。

服务团到达西安的时候正是除夕。高洁的姨妈希望他们过完年再走，但两位心怀革命志向的年轻人等不及了，早早来到西安火车站，在寒风中等待战友。

一声汽笛长鸣，服务团乘坐的专列停在西安火车站。叶笃正和高洁看到了三十几位熟悉的同学。洪同、黄志文、王铮明、李一德、沈宝琦、杨震、刘翼丞、许焕国、熊向晖、李恭贻、周光媚、洪宝芸、傅国虎、顾梦鸥。这是一批用青春拥抱梦想，用热血报答时代的青年。

他们在火车站留下了珍贵的合影。叶笃正穿着长大衣站在第三排左边第一位，高洁站在中间。

随后，有一批被国民党扣住的西北联大学生也加入了战地服务团。这其中有后来成为著名艺

1938年1月31日（农历除夕）战地服务团路过西安时部分团员合影于西安车站。第三排左一为叶笃正，右六为其女友。

术家的赖少其。

几个月后,高洁有了新的任务。她参加了地下党员刘毓衡领导的学生救亡团,分在王屋镇小分队。

南开中学国文教师张锋伯担任了临潼县县长,把临潼建成了一个宣传抗日基地。他让学生李璞、王大纯、申宪文等人联系一批优秀的南开学子前来抗日。很快,原来南开中学1935班、1936班和1937班的18名同学聚集起来,来到临潼,开始了一段有浪漫情调的草莽英雄主义色彩的革命活动。

叶笃正也是这18名南开同学中的一员,更让他高兴的是,还有自己原来班中的李璞、王大纯、李廉、徐文园四人。叶笃正暗暗下定决心,和这批至交同学一道,参加抗日斗争。

张锋伯被称为抗日县长,他一方面发动抗日宣传活动,一方面在临潼农民中开展了减租反霸运动,组织抗日武装。很快,他发展了一支有3000条枪的秘密武装。

斜口有支土匪队伍,头子叫宣惠之,专门打家劫舍,弄得百姓不得安宁。张

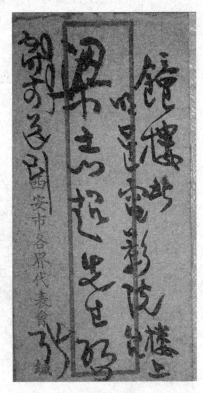

张锋伯手稿

锋伯带领自己的武装力量,在夜黑风高的夜晚,赶到斜口。

一切都在料想之中,一声哨响,喊杀声四起,数千人手持武器冲向土匪窝,很快,端了这支队伍,剿杀了宣惠之。

为民除害了,叶笃正和同学们都很兴奋。接下来还得干一件大事,那就是除掉相桥恶霸联保主任秦颂丞。

张锋伯说,秦颂丞这个人是要除掉的,不过,不是像除掉土匪宣惠之那么简单。剿杀土匪,上面不会怪罪,而这个秦颂丞,虽然在临潼无恶不作,但他根基深,十几年前就有自己的反动武装,又有保安大队长、联保主任这些正式身份。尤其是,他在胡宗南所办的战干四团受训,加入了国民党特务组织复兴社,有一批拥护他的政治势力,这也是他敢于豢养惯匪流氓、草菅人命、为害乡里的原因。

"管他什么背景,这样的人比鬼子还可恶,一日不除,老百姓一日不得安宁!"学生们纷纷嚷着。

张锋伯经不住热血青年的鼓动,拍板说道:"干!惩治惩治这个坏蛋。"

有县长一句话,大家立即行动,纷纷赶到相桥镇联保公所,将秦颂丞抓了起来,你一拳我一脚,打得他口吐鲜血不断求饶。

"今后还敢不敢欺压百姓?"

"再也不敢了!"秦颂丞战战兢兢。

"你作为联保主任的职责是什么?"

"保地方安全。"

"当前鬼子入侵,你的任务是带着你的手下打鬼子,而不是横行乡里,是否明白?"

"明白，明白，我一定带着手下打鬼子，求你们饶了我。"

这样声势巨大的行动，引起了国民党上层的注意。不久，张锋伯被捕入狱。

李璞听到消息，让叶笃正等同学赶快跑。

"张县长带我们宣传抗日，带我们除恶霸，他被抓起来了，我们应该快想办法救他。"叶笃正说道，"怎能逃跑？"

"张锋伯1936年就加入了共产党，他是地下党，会有人救他的。我们打了秦颂丞，又是张锋伯的学生和骨干力量，这时不逃跑，被抓到了就别想出去，命都难保，更别说革命了。"李璞拉着叶笃正就跑。

外面一阵喧闹，是军警在抓人。叶笃正和同学赶紧跳墙跑了。

张锋伯入狱后，秦颂丞在临潼更是胡作非为。第二年，他毫无理由地将饥民孙天丰追至地窖熏死，又逮捕饥民王春芳，用铡刀将其铡死，并将两人人头挂在城门上，恫吓老百姓。尤其是在1943年7月3日，他带着部下百余人，并纠集临潼、渭南、富平三县保甲团队千余人，到交口围剿地下党员谈国帆、王志温等人，同时残杀百姓，火烧民宅，洗劫街镇。村民李有顺的妻子快生孩子，被烧成焦人，胎儿从腹中迸出，惨不忍睹。这就是震惊陕西的"七三"大血案。新中国成立后，他跑到四川，化名张立，匿藏乡间。

张锋伯后来也被救了出来，继续从事革命活动。新中国成立后他担任西安市副市长、市政协副主席等职务。南开中学语文老师出身的他喜爱传统文化，领导成立了陕西省书法篆刻研究会，与赵望云、张寒杉、段绍嘉、尧廷、康师尧等一

道,推动了陕西书法篆刻艺术的发展。

离开临潼后,叶笃正找到清华校友刘毓衡领导的学生救亡团,到第二战区副司令长官卫立煌的司令部下面做宣传工作。

部队辗转于山西、陕西、河南一带。目睹多年战乱后民不聊生的景象,叶笃正内心很有感触,希望早日赶走鬼子,使国家太平。因而,跋山涉水,风餐露宿,他都忍着,不觉得很苦。

一次,叶笃正和战友范宁生、陈鸿谋一起外出执行任务。经过鬼子的洗劫和炮火轰炸,一路上别说看到老百姓,就是些许吃的也找不到。已经饿了好久了,他们都浑身无力,双腿也拖不动。

好不容易出现了一个村子。他们尝试着找点可以充饥的。找了大半天,三个人无奈地你看看我我看看你,随后摇摇头,瘫坐在地上,谁也不想走,也的确走不动。

"看来,只能饿死在这里。"范宁生沮丧地说。

"唉,早知道会饿死,不如找两个鬼子拼了。"另一位战友陈鸿谋也很沮丧。

"你看,看那边山上是不是有个寺庙?"叶笃正指着前面的山上,兴奋地说。

"寺庙里会有吃的吗?"战友不无担心地问道。

"我想会有的。"叶笃正说道。

"你为什么这么肯定?"

"日本人是信佛的,应该不会在佛门之地过于放肆。"

"咱们过去看看吧,或许有惊喜。"另一名同伴回应着。

于是三人怀着希望向山上的寺庙走去。

可是,当走近之后,叶笃正三人彻底失望了。眼前这座庙已经荒废许久,破败不堪。别说在里面找吃的,就是人进去说不定随时都会坍塌。三人便躺在庙前,回想着曾在家里吃过的美食。

没办法,身上还有任务,再累再饿还得行进。三人便又爬起来,拖着疲惫的身躯缓缓而行。

也不知走了多久,彼此搀扶着的三人突然停下来。

"你们也闻到了?"叶笃正问。

"香味?!"

"嗯,好香的!再看,那儿有炊烟呢!"

"哈哈,有人在做饭,咱们有救了。"

三个年轻人像看到绿洲的骆驼,忘了身体的疲倦,快速向炊烟走去。

在黄河边上,叶笃正等终于看到了一个正在煮粥的老太太。他们立即掏出身上所有的钱,希望换一碗粥。

在这食不果腹的时代,老太太也不想卖掉自己辛辛苦苦做出来的粥。这碗粥里面,有她的许多艰辛,她还在等待在外寻觅粮食的家人回来吃呢。

"老奶奶,我们是打鬼子的,饿死了我们不后悔,后悔的是没打成鬼子。"经不住叶笃正的苦苦哀求,望着自己孙儿般大的三个人,老奶奶最后还是决定将粥卖些给他们。

捧着仅有几粒米的野菜粥,叶笃正他们顾不得烫,端起来就往嘴里倒,风卷残云般喝下,那个香,别提了!

叶笃正在回忆那碗野菜粥时说:"还有比那更苦的吗?还有比那更香的吗?"正是这碗粥,成为叶笃正记忆里的世界上最可口的饭食,也成为关于家国的最苦涩记忆。这种记忆,深深融进了这个年轻人的血液里,让他懂得节俭、勤勉,更坚定了他要为国效劳的信念。

晚上,进食后的三人在野外宿营,有了力气之后谈天说地。

战友范宁生说道:"等咱们赶走了鬼子,回到北平的家,我要吃很多西红柿炒蛋!"

"笃正,你呢?"战友询问叶笃正。然而,他根本没有听到,他陷入遐想之中,在想象胜利后的情景,也在想象高洁听到胜利消息的欢悦表情。

战友范宁生一脚踢在叶笃正屁股上,问道:"我说赶走鬼子后,第一件事就是去吃很多西红柿炒蛋,行吗?"

"行,行!"叶笃正笑了,更是无限向往……


跟随部队东奔西走,叶笃正印象最深的是在延安的所见所闻。

延安古称延州,北连榆林,南接咸阳、铜川、渭南,东隔黄河与山西临汾、吕梁相望,西依子午岭与甘肃庆阳为邻。延安城处在宝塔山、清凉山、凤凰山三山鼎峙,延河、汾川河二水交汇的地方,自古是兵家必争之地,有"塞上咽喉""军事重镇"之称。

1935年10月,中央红军经过长征到达吴起镇。随后,延安成为革命圣地,从此无数心怀天下的青年男女奔赴延安。

1938年4月上旬,蒋介石电谕第二战区副司令卫立煌赴洛阳参加高级军事会议。考虑到第二次国共合作大半年了,卫立煌便取道延安,受到毛泽东的热情接见。

这次,听说卫立煌的部队到了,毛泽东亲自主持欢迎仪式。中共主要负责人都讲了话,为这批青年军人分析抗战形势。毛泽东说,无论是国内还是国际上,都有投降派。当下,"速胜论"和"亡国论"等论调左右了人们的视听。对于抗日,大家寄希望于国民党的正规军,轻视共产党领导的游击战,这是不对的,抗日战争形式上主要是运动战,其次是游击战。大家既要坚定抗日的决心,也要有打持久战的准备。

在延安的几天,听到的是深入的分析,看到的是军民团结的景象,处处洋溢着勃勃生机。叶笃正不由得开始思考自己那次执行任务时的见闻。

当时,部队驻扎在垣曲县一个叫西滩的地方。清晨,睡梦中的叶笃正被团长刘毓衡摇醒,让他去95里地之外的王屋镇送信,因为救亡团的一个小分队正在那里执行任务,鬼子已经打到离王屋镇不到几十里地了,现在必须赶紧把小分队撤回。

叶笃正一听,心里紧张了,那里不仅有我们的部队,还有女友高洁。他立马带上枪火速上路。

刘毓衡说:"枪就别带了,碰上土匪,你身上有枪的话就难活命了,没枪或许有一条生路。"

"碰到鬼子怎么办?"叶笃正有些迟疑。

"你的任务是送信,不是打鬼子,再说,即使碰到鬼子,你独自一人,给你一架大炮也没有用。"

叶笃正感觉到这是一项艰巨的任务。军人的天职是服从啊,他不能拒绝。他也觉得刘毓衡说得有理,便独自向王屋镇迅速走去。

前行15里地，看到部队挖工事，叶笃正便询问起来，对方回答说，日本人来了，部队准备撤离，要保护总部过河。

叶笃正心中不解，鬼子还没影子，部队就准备撤离，这怎么能打胜仗呢？

再走15里地，又有部队挖工事。一询问，还是为总部过河撤离做准备。

前面情况怎样呢？得到回复说前面再没有中国军队了。

路上有中国军队，这让叶笃正多多少少有一种安全感。可是才走了30里，就被告知前面没有中国军队了，叶笃正不免心寒，还没见到鬼子的影子，就没部队，有部队的地方也在为撤离做准备，这样的军队怎能赶走鬼子呢。

四顾无人，举目一片萧条。叶笃正暗暗给自己打气："不能后退，要完成任务！"。

为了自身安全，叶笃正拐进小路，找了一个老乡带路，进了一个村子，再重新找一名当地向导。如此大路小路地走，叶笃正共走了一百多里路，总算快到王屋镇。

想到马上要见到女友高洁，叶笃正内心很激动。他特意拿出一张整洁的纸，小心地叠了一只鹤，这是二姐教会他的，他叠得很仔细、很用心。

终于见到了小分队的负责人，也见到了女友高洁。

高洁头发剪短了，显得成熟、干练。一听说让小分队撤回西滩司令部，她立马反对："不能撤退！日军离我们应该还有几十里，也没有继续前进的样子。如若我们撤退，老百姓们看不到自己的部队，就会恐慌。长期下去，失去民心，怎么抗战？"

"我们不撤退。"分队队长采纳了高洁的意见,对叶笃正说道,"天色不早,你也累了,就在这儿歇会吧,明天再赶路。"

晚上,叶笃正与高洁并肩在路上行走,他将手中的纸鹤送给她。

她接了过去,说:"谢谢!"

"不奖励一下。"叶笃正将腮帮凑了过去。

高洁犹豫了一会,轻轻地给了他一个吻。

叶笃正感觉到那吻好淡、好淡,内心隐约不安起来。

"说说你在延安的见闻吧。"

"那里的气象真不一样,军民同心,在搞大生产。在那里,我能感受到劳动的美、劳动的力量。"叶笃正说道,"共产党的领袖我们也看到了,穿着朴素,平易近人啊。"

"所以,许多有志青年投奔了延安。你是不是也考虑这个呢?"高洁询问道。

"这我倒是还没考虑,眼下不是国共合作吗?八路军都编成了第十八集团军呢,大家都是在抗日。在我看来,都一样,都是一家人。只是,战争什么时候能结束呢?在延安,我听了毛泽东的讲话,他要我们做好打持久战的准备,'持久'得多久啊。"

"你还是放不下你的课本?"高洁面对着叶笃正。淡淡月光下,她的表情让叶笃正读不懂,有愤慨?有失望?

"是的,我渴望尽快结束,国家太平了,我还会回去把大学读完的,书本我一直没丢,行军都带着呢,有时间就看。"叶笃正老实地回答。

高洁望着他,没有说话。

两人埋头走着,静静的,月光拉长了他们的身影。

叶笃正想起了王屋山就在王屋镇，还在私塾的时候，他从《列子·汤问》里读到了愚公移山的故事。便说道："明天我们去王屋山吧，愚公不畏艰难，坚持不懈，挖山不止，最终感动天帝而将山挪走，我真想看看那是什么样的山。"

"不行。"高洁摆摆头，"眼下是特殊时期，游山玩水还是等以后吧，等到家国安定的时候。"

"我也不是要游山玩水，就是想感受一下愚公精神。"叶笃正小声说道，"你也别误解了，好像我很渺小。"

"精神留在心中就行了，不一定要看山。何况，那只是神话。"

叶笃正感觉到女友语气坚定，没有再坚持。

当晚，刚睡下。高洁敲开了他的门，塞了一封信，然后走了。

叶笃正展信一读，真是晴天霹雳！女友提出分手，语气是那么坚决，没有回旋的余地。她在信中说，别问什么理由，这是特殊时期，家国不宁，我不愿儿女情长。

"不，不能！"长这么大，叶笃正一直是在家长、老师的要求下单纯、专心地读书，这是自己第一段投入的感情，是那么纯真，那么深情，怎能分手呢？他急匆匆跑去找她，可是，她不在。

她在回避他。

一阵抱头痛哭，这一夜，叶笃正痛苦无眠。

第二天一早，带着伤痕累累的心，叶笃正踏上了回司令部的路。走着走着，身心俱疲的他看到一个山洞，便进去小睡一会。哪知醒来后，天色大黑，他一骨碌爬起来，在夜色中赶路，却又迷路了，走来走去都在原地打转。直等到天蒙蒙亮时，终于看到一个当地人经过，在那人的帮助下才走上了大路，回到了驻地。

回想着国民军的软弱无能,堂堂司令部竟然不能掌握正确军情,再回想在延安的见闻,叶笃正内心不免涌起一阵失望的之情,一腔忧国忧民的惆怅,一份对学业难以割舍的情怀终化作一声长叹……

"莫依恋你那破碎的家乡,莫珍惜你那空虚的梦想,按住你的创伤,挺起你的胸膛,走上民族解放的战场……"从王屋镇回来,叶笃正总是想着这首歌,想着月光下女友唱这首歌的表情,想起两人在清华校园共同学习的情形,想起在长沙手拉手在防空警报声中奔走的场景……

他想在战斗中忘却失恋的痛苦,但当局的作为让他的失望逐渐加深。

这时,传来消息说,长沙临时大学因时局紧张在这一年的4月西迁至昆明,改称国立西南联合大学。

因为对科学有着来自骨子里的喜爱,再加上失恋事件和对部队的失望,原本徘徊在读书之路与革命之路交叉口的叶笃正决定重返校园。

为此,他深深思考了整整一个晚上。他认为革命仅仅靠理想和热情是不行的,那不是自己的特长,自己还是走科学救国的路合适些。

团长刘毓衡听叶笃正表白后,没有阻止他。他也感到这位走到哪都离不开书本的清华学弟还是回到校园好,便勉励他说:"我支持你,爱国、救国的方式很多,把书读好,用知识救国也是一种方式!"

高洁1939年7月奔赴延安,进入中国女子大学学习,

1941 年入延安中央研究院。毕业后先后担任刘少奇、贺龙的秘书。她的家庭真是一个传奇色彩浓郁的家庭,父亲是共产党的敌人,1947 年在菏泽被枪决。这一年,在延安庆祝五四运动纪念大会上,高洁作为模范党员,接受毛泽东的颁奖,她口中还高呼共产党万岁。而她的丈夫,则是当初燕京大学学生运动领袖朱少天,后来曾担任另一位中央首长的秘书。

几十年后,当叶笃正在气象学上取得卓越成就的时候,他的哥哥们跟他开玩笑说,若不是高洁与他分手,就没有气象学家叶笃正了。

叶笃正认可哥哥们的话。假如没有这次感情波折,在当时的情形下,他会继续留在救亡团,还可能会与女友一同去延安参加革命。后来他还特意写回忆文章,说因为与女友分手,自己的人生轨迹被改写,失恋的事成为他人生的转折点。

叶笃正辗转来到昆明是在 1938 年夏天。到学校时,只有随身携带的《气象学》《物理学》两本书。这两年,他跋山涉水,但心里总惦记着书本。行军时,身背的武器、干粮、衣物共有几十斤,从冬天背到夏天,天热了,他把棉衣换鸡蛋吃,为了减轻负担,陆续扔了一些其他行李,但书却一直带着。

这时的西南联合大学正在昆明西北的一块荒地修建新校舍。因为经费紧张,校舍全靠租房解决,散布在昆明的各个地方:理学院在大西门外昆华农校,工学院设在拓东路上的迤西、江西、全蜀三个地方会馆,文、法两个学院在昆明寻不到立足之地,只好借用原蒙自海关、法国银行和希腊歌胪士大洋行等闲置的房舍,先把课上起来。虽然条件差,但师生们都怀着强烈的爱国雄心,勤勉不息。

　　万里长征，辞却了五朝宫阙。

　　暂驻足，衡山湘水，又成离别。

　　绝徼移栽桢干质，九州遍洒黎元血。

　　尽笳吹，弦诵在山城，情弥切！

　　千秋耻，终当雪；

　　中兴业，须人杰。

　　便一"城三户"，壮怀难折。

　　多难殷忧新国运，动心忍性希前哲。

　　待驱除仇寇复神京，还燕碣。

　　这首《满江红》是在1939年核定的西南联大校歌，由冯友兰作词，张清常作曲。校歌将战乱迁徙的时局与南宋相比，以悲愤的心情勉励学子。

　　正是在西南联大的这种时代精神的激励下，叶笃正和同学们在滇水之畔，勤勉苦读。西南联大也造就了中国教育史上的奇迹。自1938年4月搬至昆明，到1946年5月4日结束的8年岁月里，在极其艰苦的条件下，西南联大严谨办学，共有3343名毕业生，培养出大批杰出人才。师生中出了中科院院士154人、工程院院士12人。其中杨振宁、李政道两人获得诺贝尔物理学奖，赵九章、邓稼先等8人获得两弹一星功勋奖，黄昆、刘东生、叶笃正、吴征镒等人获得国家最高科技奖，宋平、彭佩云、王汉斌等人成为国家领导人。

　　一天早上，叶笃正早起锻炼。在山坡下，看到一个青年在高声朗诵——

> 西山苍苍,滇水茫茫。
>
> 这已不是渤海太行,这已不是衡岳潇湘。
>
> 同学们,莫忘记失掉的家乡!莫辜负伟大的
> 时代!莫耽误宝贵的辰光!
>
> 赶紧学习,赶紧准备,抗战,建国,都要我们
> 担当,都要我们担当!
>
> ……

这不是冯友兰教授写的西南联大的勉词吗?叶笃正心头一怔,停住了脚步,他看到一个熟悉的身影,便喊了起来:"申泮文!"

朗诵者转过身来,正是叶笃正南开中学的同学申泮文。昔日的同窗异地重逢,两人拥抱起来,快乐得难以形容。

"听说你去了卫立煌的部队,怎么来这里了?"申泮文问道。

"我不适合干革命,还是喜欢读书,走科学救国的路。你呢,我回天津的时候,打听过你,听说你也投笔从戎了呀。"

申泮文长叹一声:"一言难尽啊,差点读不成书了。"

原来,天津沦陷后,南开大学校园毁于日军的野蛮轰炸,申泮文的奖学金宣告终结,他无法继续完成学业,便南下参加了南京国民党政府的中央军校教导总队,准备接受防化训练。淞沪告急,他就奉命开赴上海前线,在淞江一线参加战斗。后来,日军在杭州湾登陆,国民党军队全线溃败。目睹家

园破碎、民不聊生的景象之后,申泮文从一个意气风发的青年学子变成了意志消沉的青年。

他决定重返校园,这时的南开大学化学系已西迁重庆,他便历尽艰辛来到重庆。由于中途插班和身心交瘁,他的多门选课都没有成绩,被学校宣告退学。

幸好,临时大学奉命内迁昆明组建了西南联合大学。南开大学秘书长黄钰生奉命率领"临时大学湘黔滇旅行团"步行赴滇,申泮文找到黄钰生,要求一同前往。

黄钰生很欣赏当初这位品学兼优的学生。可是,眼下他耽搁了许多功课,怎么办呢?

"给我时间,我一定会补上。"申泮文坚定地说。

黄钰生被打动了,同意并资助申泮文随团去昆明。

历时 63 天,步行 1600 多公里。申泮文随大家来到了昆明。他找到化学系主任杨石先,经过一番恳求,最终被特许恢复学籍。

叶笃正听后感叹不已,说道:"是鬼子入侵耽误了我们的学业。我们多么渴望在一个安宁的环境里好好读书啊,这个要求过分吗?"

"不过分!鬼子入侵,苍生蒙难,可也锻炼了我们,敲醒了我们,让我们的学习有了目标,让我们的人生有了理想。我们不能辜负韶华,要好好学习。"

"对,我与你一样,耽误了不少学习时间,但只要加倍努力,是能够补上的。"叶笃正与好友申泮文相约,此后相互勉励,争取以优异的成绩毕业。

因为在部队里没完全放下课本,加之格外努力,叶笃正不但很快把落下的功课赶上了,还在班上遥遥领先,这让老师赵九章对他刮目相看。

遇上恩师赵九章,是叶笃正人生的幸运。赵九章幼年就读于私塾,原来是准备从事文学的,在五四运动时期,他接受了科学救国思潮的影响。他1933年从清华大学物理系毕业后,通过庚款考试于1935年赴柏林大学留学,师从气象学家菲克尔。

"笃正啊,中国气象学基础很弱,可是,气象与我们的生产、生活关系多么紧密啊。你一定要有远大的视野,要立足国际气象学,这样才能有所作为。"

叶笃正很庆幸自己选择了气象学,庆幸遇到了赵九章老师。

1940年,叶笃正以优异的成绩本科毕业了。赵九章亲自指导他依据等熵图或剖面研究,对自由大气

1945年叶笃正在美国芝加哥

的物理和动力过程进行分析,帮助叶笃正顺利完成论文。

毕业后,叶笃正和同学们面临着新的选择。

同学申泮文选择了担任航空委员会油料研究室助理员。叶笃正想暂时去天津谋份差事,那里有他舍不下的亲人。

申泮文劝他,北方不安宁,还是先在南方找份工作,寻求机会继续深造。这时,昆明中法中学邀请他去担任老师,他便接受了。

叶笃正之所以接受中法中学的邀请,是因为他对这所学校的感情很深。

1920年,在留法俭学会与法文预备学校和孔德学校的基础上组建了一所私立大学叫中法大学。首任校长是蔡元培,此后,这所学校在北京东皇城根下弦歌不绝。"一二·九"运动时,叶笃正与一批青年学生一起走上街头游行请愿,其中就有中法大学的学生,有几位同学还成了叶笃正的朋友。

即使在敌寇占据华北的情况下,中法大学仍苦苦支撑,坚持不开日语课,不挂日本国旗。1938年夏,中法大学终被勒令停办。校长李麟玉便委派周发歧、李秉瑶两位教授到昆明筹备复课。于是,他们先在昆明建立了中法中学。

叶笃正心中计划着,先在中法中学一面教书一面学习,等待机会留学深造。这时,一个好消息传来,浙江大学请来著名气象学家涂长望任教,并准备招收研究生。

浙江大学同样是让叶笃正向往的一所高等学府。它的前身是成立于1897年的求是书院,自创建之日起,就提倡"务求实学,存是去非"的精神。1938年,竺可桢校长提炼出"求是"作为校训,经过师生努力,使浙江大学与国立中央大学(现南京大学)、国立西南联合大学、国立武汉大学并称为"民国四大名校"。

这时的浙江大学不在杭州,因为战乱,它从美丽的西子湖畔西迁,在贵州遵义、湄潭等地办学。

机会是给有准备的人。1941年,叶笃正如愿成为浙江大学史地系的第二届研究生,师从史地研究所副所长涂长望教授,专功大气电学。

　　研究生的生活是清苦的。学校里没有电灯,就连蜡烛和煤油灯也没有。贵州偏远地区都是自己制作桐油灯,制作方法是把桐油倒在一个容器里,以灯草为灯芯,燃烧时灯光暗淡,还有一股难闻的味道。由于长时间在桐油灯前苦读,皮肤白皙的叶笃正常被熏得墨黑,同学们笑称他是"叶包公"。

　　这时候的浙大,在学习氛围和学术成就上达到了一个鼎盛时期。著名生物化学专家、汉学家李约瑟1944年在英国《自然》周刊上写文章说:"遵义之东75公里的湄潭,是浙江大学科学活动的中心。在湄潭,可以看到科研活动一片繁忙的情景。"他称浙江大学是"东方剑桥"。

　　叶笃正在导师涂长望的指导下,除听课以外,他还做些地面的观测与记录,有时也去参加史地学会的学术报告会、读书会和时事座谈会,定期出版《时与空》壁报。

　　为了提高叶笃正的综合能力,涂长望将叶笃正介绍给王淦昌教授。王淦昌因为研究物理,在学术界有极大声誉。后来,王淦昌是中国实验原子核物理、宇宙射线及基本粒子物理研究的主要奠基人和开拓者,被誉为"中国核武器之父""中国原子弹之父"。

　　王淦昌的小女儿王遵明在遵义出生的时候,因为生活艰苦,刚生下来就断了奶水。因为学校地处山凹,王淦昌便买来一只羊,每天牵着羊到学校上课,放学后再到山上放羊。大家都叫他"牧羊教授"。

　　虽然要为生计牧羊,但他没有忘记自己的事业和追求,尤其是推崇浙江大学的"求是"校训,认为做学问就得实事求是。因此,他对学生叶笃正要求很严,所有数据来不得半点马虎,必须积极开展气象观测,让其丰富而真实。

有时放学后,叶笃正也来到山坡上,陪老师放羊。一面放羊一面观测。有一次,两人讨论得入了神,结果羊不见了。这可急坏了王淦昌,羊没有了,女儿就没奶水啊。幸好叶笃正机灵,学羊叫,于是在一个树丛间传来了羊的咩咩回应声,这才找到它。

1941 年 10 月份,叶笃正去位于重庆的中央气象局做数据分析。在回来的途中,行走到沙坪坝镇近郊一条小路上,他碰到一位姑娘,约摸二十出头,挽着一位中年妇女,那位姑娘忽然说道:"妈,冯端,大哥和冯康应该住在这,我们到了!"

女孩声音温婉,叶笃正特意看着她,只见她体态端庄,略显圆润的脸庞上,眼睛虽然不大,但透着明净和单纯。

"这是一个知识女孩,她身上的气质是长期的书香孕育出来的。"叶笃正看得有点出神,那个叫冯端的男孩吼了一声,朝他做鬼脸,才让他回过神来,脸唰地红了。

他目送这一家三口朝前走去。这时,那个姑娘也回过头来,朝仍然站在那里的叶笃正莞尔一笑。

叶笃正只觉得脸腮一阵烫热,慌忙埋下了头。自从 1938 年与女友高洁分手后,他把全部心思和精力都放在学习上,很少去留意女孩。今天的一次邂逅,这个女孩让已经 25 岁的叶笃正心中扑腾直跳,像有一只小兔子在蹦跳。

她叫什么名字呢?她从哪里来?叶笃正脑中无法放下她。这是一个不同于高洁的女孩。高洁干练、果断,有组织能力,而这位女孩温柔、恬静、知性。饱经知识的熏陶,现在的叶笃正更欣赏这样一位知性女孩。

回到校园后，叶笃正脑中总是回想着邂逅的那一幕。好在王淦昌教授要求严格，让他很快投入到学习和研究中去了。

勤奋的日子总是过得飞快。很快，叶笃正研究生快毕业了，他得潜心准备毕业论文。

叶笃正经常随导师王淦昌去校长竺可桢的家中求教。这一次，师生二人再次来到竺家，是竺可桢新婚妻子陈汲开的门。

"校长不在家？"王淦昌问。

"在，在里面祭拜张侠魂。"陈汲说着，引客人进屋，递上茶水。

"我忘了，今天是 8 月 3 日，是张侠魂女士的忌日。"王淦昌喃喃说道。

"不要紧的，这个日子多些人来与他谈事，他还好受些。"陈汲宽慰着王淦昌。正说着，竺可桢平静地走了出来，坐定后，问叶笃正："研究生论文在准备吗？"

"我正为这个来的，我想请校长给我一个课题。"

"气象是要为生活服务，选择一个有实际意义的研究课题，会有益于培养你的观察动手能力。我来与你导师商量商量。"

回来的路上，王淦昌感叹地对叶笃正说："校长前妻张侠魂是因病而亡，他不忘夫妻情深。竺校长是我们的楷模啊，于家于社会，对待爱情对待事业，都是我们的楷模。"

叶笃正暗暗点头，心中决定以竺可桢为榜样。

竺可桢的原配夫人张侠魂出身湖南望族,父亲张伯纯是前清举人,清光绪年间曾协助曾国荃督办两江学务,1905年加入同盟会,辛亥革命后,任临时大总统府的秘书。张侠魂毕业于上海女校,性格活泼开朗,文章书法都好。她与竺可桢的结合是因为姐姐张默君的牵线。张默君记者出身,早年与秋瑾一起革命,后来担任江苏省第一女子师范学校校长。在去美国波士顿期间,为妹妹选择夫婿时,选中了竺可桢。

张侠魂默默支持着丈夫,竺可桢的成功,她功不可没。日寇入侵,浙江大学西迁,作为校长的竺可桢把全部精力都投入到迁校工作上。幼子竺衡因病去世,妻子张侠魂也染上了痢疾,由于战争,医疗条件太差,1938年8月3日上午,张侠魂去世了。竺可桢接连丧妻失子,痛苦异常,写了许多诗悼念亡妻。

张侠魂去世后,多位亲友见竺校长公务繁忙,且子女年幼,劝他早日续弦,他都无暇顾及。物理学教授丁绪贤的太太陈淑把堂妹陈汲介绍给了他。陈汲是北平女子师范大学毕业生,她的形象和气质,被许多新月派文人描绘。只因大哥陈源早年以陈西滢笔名发表文章,与鲁迅打起了笔墨仗,后又担任武汉大学文学院院长,二哥陈洪也是长年在外,陈汲要照顾双亲二老,到了36岁时仍然待字闺中。

1940年3月15日,竺可桢与陈汲举行婚礼。此后几十年,陈汲辅佐竺可桢,关爱学生,抚育子女,走完美好的生命旅程。

叶笃正想了几个论文选题,也为此紧张准备着。一次,他坐在校园的一块石头上看书,刚抬起头,发现了一个女孩的身影,那正是时常萦绕在心头的邂逅女孩?她怎么会在这呢?难道她也是浙江大学的学生?

叶笃正快步前行,想追上去看个究竟。这时有人喊他,回头一看是导师王淦昌,他只得向导师走了过去。

"你的研究生毕业课题,我与竺校长和涂教授商量了,大家一致认为给你一个侧重于实践的课题,就是关于湄潭近地层大气电位的观测研究,怎么样?"

"好的,我一定好好完成。"叶笃正应着,转身去寻找那个女孩,可惜,已经没有了她的身影。

这个满身书卷气的姑娘的再次出现,掀起了他心底的波澜。他决定找到她。于是,每天准时坐在那块石头上,盯着来来往往的行人。

终于看到了,那个熟悉而又陌生的身影出现了,手中抱着一堆书,款款而来。他仔细看了看,正是记忆中的女孩!

叶笃正的心怦怦跳动,他立在路旁朝女孩挥挥手,女孩朝他莞尔一笑。

两人熟识了。原来,女孩叫冯慧,在浙江大学学习农业化学。

冯慧是苏州人,祖籍浙江。父亲是知识分子,文学修养较高,长年在外做文职职员,母亲操持家务。全家靠着父亲的薪水收入,生活水平算是中等。但父亲非常重视子女读书的事情,冯家的四个孩子读书都十分用功,都是从省立苏州中学毕业,然后就读于中央大学或者浙江大学。

苏州沦陷后,冯慧姐弟随父母迁往福建。1941年9月间,烽火连天的日子里,因为大哥冯焕从中央大学毕业后留在重庆工作,弟弟冯康也在读中央大学物理系,她便带着弟弟冯端和母亲来到重庆,居住在位于沙坪坝镇近郊的一所大院内的一间斗室。这里,距离中央大学松林坡校舍和小龙坎宿舍区都不远。那一次邂逅了青年叶笃正之后,这个风度翩翩的青年给她留下了深刻的印象。

1942年4月,位于沙坪坝镇西郊的中央气象局招考练习生。为了糊口,冯端报考了,并且考上了,指导他工作的是王华文。3个月后,他参加中央大学的入学考试,被物理系录取了,到十月份便离开气象局去大学读书。

也因为这个关系,冯慧与气象局几位领导和浙江大学的教授都很熟,受他们鼓舞,报考了浙江大学。

很快,两颗年轻的心碰撞出了爱情的火花。

湄潭山清水秀,气候宜人,百里湄江画廊风光旖旎,万亩茶海碧波荡漾。这里被誉为"贵州高原上的一颗明珠"和"黔北小江南"。在此学习的浙江大学师生都赞叹:杭州天然美,湄潭亦天然。沉浸在甜蜜爱情里的叶笃正常常与冯慧在湄江畔漫步。

一天傍晚,柔和的阳光照耀着山山水水。大地闪耀着一片母性的光辉。叶笃正手捧着冯慧秀气的脸腮,诚恳地说:"嫁给我吧!"

冯慧摇了摇头。

"为什么呀?"叶笃正沮丧地问。

"亲爱的,你正在忙着硕士论文,我不应该影响你的学业。等你论文完成了,我就嫁给你!"

叶笃正紧紧将冯慧搂在怀中,动情地说道:"我一定好好完成论文。"

在叶笃正完成论文的过程中,从观测地点、工作场地搭建,王淦昌都给出自己的建议。缺乏观测仪器,王淦昌就去物理系找到一个损坏的电位计,指导叶笃正与其他同学一起修复。很快,叶笃正就获得了第一手资料。然后王淦昌又亲自教叶笃正如何查阅文献、分析数据,每周听取叶笃正汇报论文进展情况并做出修改和建议。

在王淦昌教授的悉心指导下,叶笃正的研究生毕业论文《湄潭之大气电位》完成了,获得甲等,并受到了涂长望、王淦昌教授等的一致好评。

这一年的 6 月 24 日,是叶笃正和冯慧值得终生铭记的日子,他们在湄潭正式举行了婚礼。一个带着浓郁的科学氛围的家庭正式组建了,此后的几十年岁月里,叶笃正与冯慧相濡以沫,共同携手科技人生。


1943 年 7 月,叶笃正研究生顺利毕业。

是工作还是留学,叶笃正还没来得及考虑好,浙江大学校长竺可桢便把他推荐到自己领导的中央研究院气象研究所工作。

就这样,叶笃正来到了重庆。

山城重庆,历史悠久。长江、嘉陵江、乌江、涪江流经此地,山水相映,风光无限。但自从 1937 年 11 月成为国民政府的战时首都后,来自浙江、湖南、安徽、湖北、江苏、上海等地的移民、难民汇集于此,敌寇又制造了历时数年的重庆大轰炸。美丽河山,处处创伤,在青年叶笃正看来,重庆何尝不是

南宋时的杭州。

三哥叶笃义也来到了重庆。原来，"皖南事变"发生后，面对国共合作遭到破坏，1939年10月，张澜、黄炎培、沈钧儒、罗隆基、章伯钧等人在重庆发起成立了统一建国同志会。第二年，成立了"中国民主政团同盟"，也就是民盟组织，主张贯彻抗日主张，实践民主精神。叶笃义是该组织的重要成员。1945年10月，第一届民盟中央委员会产生的时候，张澜担任主席，叶笃义担任民盟中央宣传部副部长。

一次，叶笃义告诉弟弟叶笃正，妹妹笃柔来重庆了，她嫁给了表兄姚曾廙，并且有了孩子。他们正在王园山顶盖小草房，暂住在一家小旅馆里。叶笃正一听，高兴得差点跳了起来。

叶笃正拎着藤编小箱子，带着新婚妻子冯慧来看妹妹。表兄姚曾廙毕业后在大学里当老师，因为参加抗日救亡运动，遭到日伪当局通缉，也辗转来到了重庆，担任财政部视察室主任。

看到多年没见的七哥，妹妹笃柔眼睛湿润了，要去另开房间让哥嫂住，冯慧拿出特意为小外甥翔翔买的小衣服，并让妹妹不要去另开旅馆，说："我娘家就在附近，不用麻烦了，兄妹们在一起聊聊就好。"

听说七嫂是在读研究生，笃柔很羡慕地说："我原也想来重庆继续读书，没想到孩子来得这么早。"

冯慧宽慰她："孩子来了，这是母子缘分，那就尽心带好他，教育好他。书，今后再读是来得及的。"

笃柔望着眼前贤惠的嫂子，开心地点着头。

叶笃柔在王园山顶的两间房子终于盖好了。

三哥叶笃义因为暂时要在重庆工作一阵子，就住进了她家。他经常外出办事，笃柔也不多问，只隐约知道他接触的是周恩来、章伯钧等人。她清楚，三哥是在从事很重要的政治活动。

只要不外出办事，叶笃义就给妹妹笃柔讲故事，讲《巴黎圣母院》，讲《悲惨的世界》。

笃柔养了一窝鸡，叶笃义给每只鸡都取了个名字。有一只小黄鸡他最喜欢，他叫它西施，还单独给它喂食。有一只弓背黑鸡，他叫它马子钢，从不喂它粮食，还赶它走，要它去外面自食其力。

笃柔不解，问他为什么给它取名马子钢。叶笃义只是笑笑不说，后来终于说了，原来他有个同学叫马子钢，驼背，人很坏。

笃柔听后，哭笑不得。说道："三哥，你是个革命家，骨子里却有浓郁的童趣，这真是不可思议。"

这一天，笃柔在门口给孩子喂奶、晒太阳。一个身穿灰布长衫，蓬头垢面的人狼狈地朝她走来。

叶笃柔警惕地注视着他，以为他是难民或者流氓。这时，那人忽然露出两个大银牙，喊了起来："五姐！"

叶笃柔吓了一跳，问道："你、你是谁？"

"我、我是笃慎啊！"

"笃慎？你、你是十二弟？"

"是的，我几乎是要饭到这来找你的。"

"你、你怎么落到这个地步啊！"叶笃柔一阵心酸，放下孩子,紧紧抱着这个同胞弟弟,带他进了屋。

"我们兄妹十几人,你们都有出息了,就我落到这个地步。大哥登报,与我断绝了关系。我、我真没脸活着……"叶笃慎伤心地哭了。

"先别说这了,你快到山下洗个澡,理个发。"叶笃柔找出一套衣服和钱给弟弟。随后,她把丈夫姚曾廙的一件马褂找出来,填进一些棉花——那是结婚时,大嫂为她做了两床棉被,她拆了一床为儿子做棉袄时剩下的。

这一晚,三哥笃义在家,七哥笃正也被叶笃柔夫妇请来了。大家为十二弟开家庭会。

叶笃慎看到几个哥哥,忍不住落泪,哭诉道:"你们都读书了,就我没好好读。都怪奶奶和大姨过分溺爱我了。"

"你不能怨奶奶,她房间里还挂着你小时候骑自行车的照片,我们都羡慕呢。你是否知道,在奶奶眼里,你与死去的十弟一样,都喜欢吃素,都很善良,她当你是十弟转世,所以宠着你,老人家的心思你要理解。"叶笃正告诉十二弟。

"是啊,你也不能怨大姨,爸爸死后,你年纪最小,她自然疼爱你这个最小的亲生儿子,叶家子女都是一出生就喝奶妈的奶,唯有你是一直喝着娘亲的奶长大的呢。"叶笃柔说道。

"大哥你也不能怨,小时候他最喜欢你。可是,你后来不爱读书,还跟佣人一起去灯红酒绿的地方找女招待。气得大哥把佣人开除了,你竟然自己独自去找女招待。"姐夫姚曾廙说道。

叶笃慎打了自己一巴掌,说道:"我混账,可是我后来想通了要读书的,在北平潞河中学我也下功夫了,可是,有一天大姨想五姐,来北平了,我也出去陪了她一晚,因为没请假,学校把我开除了。我没学校读书,就去找郝寿臣学说相声。学相声也是有原因的啊,大嫂嫁大哥时,陪嫁里有个收音机,天天播曲艺,我喜欢听,是那个破东西害了我。"

"郝寿臣是否收留你?"叶笃义问道。

"他不收,我跪着不起来,他就把我留下了,但只是管两顿饭,还要做许多杂活,不教我相声,我便离开了。然后我在大栅栏外摆摊杂耍,这两颗银牙就是为了招揽看客镶的。可还是混不下去,大哥早把家产分了一部分给我,断绝与我的关系,没办法,只好来找你们了。"

"一路步行,吃了多少苦啊!"叶笃柔眼睛红红的。

"是的,我还去西安找二姐夫了。"

"你找他了?他把二姐都抛弃了,你还找他?"叶笃正埋怨地问,"他理你了?"

"我在他家住了一个多月,他给了我一些钱,我把钱藏在草帽里,可是被小偷偷走了,就这样,一路要了几个月的饭,才来到重庆。"

"好了,说这些没有用。"三哥笃义说道,"你啊,一出生就因为烤你的尿布,家里着火,后院都烧了,还把邻居家烧了。全家人真是没少为你操心,爸爸希望叶家孩子都能好好读书,但现在让你读书也不太可能。我们兄妹省吃俭用能供养你,可那不成,大哥会责怪,爸爸在天之灵也会怨恨我们。得让你脱胎换骨,自力更生,可是给你找个什么事呢!"

"我看到满大街都在招兵去缅甸抗日,你愿意去吗?说不定战火的洗礼可以让你新生。"姚曾廙说道。

"参军倒是锻炼人,可是远征缅甸,枪炮无眼,那里太苦啊!"叶笃义叹道,"十二弟哪受得了那般苦。"

"你们都是有成就的,我也不能给叶家丢脸,我愿意去!"叶笃慎坚定地说道。

叶笃正心中不太愿意让十二弟去战场,毕竟是去异国他乡啊。可是,又有什么办法呢?

这一天,是新兵赴缅甸的日子。满街人山人海欢送军队远行。叶笃正也守候在路旁,他要送送十二弟。只见叶笃慎身穿军装,胸戴红花,站在卡车上。

他赶紧跑过去,跟着卡车跑了一阵。叶笃慎也看到了七哥,流着泪喊道:"七哥,你回去,我没事的,混不出名堂,我不会回来找你们的,我不会给爸爸和大哥丢脸。"

"别瞎说,有出息没出息你都是我的兄弟,都是叶家子女,大哥也是一时生气才那样做的。"叶笃正掏出一支钢笔给十二弟,"把这带上,在部队好好学习。"

叶笃慎含泪接过笔,说道:"七哥,我一定好好学习。"

叶笃正望着部队远去,默默祝福他们,祝福自己的十二弟。

两个月后,妹妹笃柔跑到叶笃正的住处,哭着说:"三哥走了。"

"哪去了?"

"他不说,我抱着孩子哭着不要他走,他只说有事,非要走。我真舍不得他离开。"

叶笃正拍拍妹妹的肩膀:"别难受,三哥不会有事,他是参加革命的,许多事我们不便问,他也不会说。"

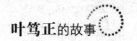
"多么希望像小时候一样,我们兄弟姐妹都在一起!"

"傻妹妹,怎么可能呢?我们长大了,各有各的志向。我也通过了赴美留学考试,要出国留学呢,只等通知。所以我也会离开你,离开重庆的。"

叶笃柔听了,更是哭得泪人一般。

第五章

# 留 学 生 涯

　　1945 年,对于全世界来说是特殊的一年。这年的 5 月 8 日,苏联和波兰部队攻克柏林,德国无条件投降,签署投降书;日本在 8 月 15 日正式宣布投降。至此,第二次世界大战以同盟国的胜利而结束。

　　1945 年 3 月,正是春天来临万物复苏的日子。两年前就通过留学考试的叶笃正,正式前往美国留学。他心中很是欣慰,进一步深造,离科技报国的梦想就越来越近了。

　　然而,看着妻子和幼小的孩子,叶笃正又放心不下。冯慧宽慰他说:"放心吧,我会照顾好孩子。我也准备参加留学考试呢,到时候也去美国。"

　　叶笃正无奈地长叹:"什么时候,我们不需要去国外学习,最高端最前沿的科技就在中国该多好啊！"

"科学是没有国界的。我也相信，我们的下一代会好起来,还会有外国人来中国留学。"

叶笃正点点头,因为对知识的追求、对先进技术的渴望、对科技救国的坚信,他不能不抛开心中的眷顾。

美国之行是艰难而又漫长的。首先从重庆坐飞机前往印度,再从印度乘船经过印度洋和澳大利亚,在船上的行程时间一个月有余,才能到达目的地。

出发那天,妹妹笃柔和妻子冯慧前来送行,在他们不舍的眼神下,叶笃正登机启程。望着窗外,他心中暗暗发誓:我一定好好学习,一定会回来的！

历经数月海上颠簸,叶笃正来到美国。到达美国加州理工学院后,他遇到了清华校友钱伟长,早在 1936 年,两人都参加了中华民族解放先锋队。只不过那时钱伟长是在读清华大学研究生,与读本科生的叶笃正交往不是很多。异国他乡遇到校友,两人很快成为好朋友。

钱伟长是 1940 年在加拿大多伦多大学攻读博士学位的,1942 年来到加州理工学院,师从冯·卡门,从事博士后科学研究。得知叶笃正是攻读气象学,他建议叶笃正转至芝加哥大学,因为在世界大气科学或气象学的发展史上,能够被称为学派的大概只有两个:一个是以皮叶克尼斯父子为首的"挪威学派",另一个便是以芝加哥大学罗斯贝为首的"芝加哥学派"。

"笃正,留学就得师从这个领域的顶级科学家,这样你才可能攀登顶峰。我之所以来到加州理工学院,是因为这里有冯·卡门教授——世界导弹之父。"钱伟长目光坚毅。

叶笃正很激动,于是转到芝加哥大学。

今天,提到芝加哥,年轻的人们会立马想到 NBA 的芝加哥公牛队、公牛王朝及篮球传奇巨星迈克尔·乔丹。不仅如此,在美国,芝加哥是仅次于纽约和洛杉矶的第三大城市,处中心地带,为美国最重要的铁路、航空枢纽。同时也是美国最为重要的金融、文化、制造业、期货和商品交易中心之一。

芝加哥还有闻名世界的艺术馆、海军军港,被誉为"壮丽一英里"的密歇根大道、点点白帆的密歇根湖、林肯公园、白金汉喷泉,一切都是那么美丽和神奇。

来不及欣赏这座城市的美丽,叶笃正就进入了芝加哥大学,师从世界著名气象学家、海洋学家罗斯贝。让他高兴的是,师兄郭晓岚和同学谢义炳,还有学弟杨振宁也考入了芝加哥大学。其中,郭晓岚和谢义炳都是师从罗斯贝,与其一同攻读气象学。


一个学术团体之所以能够被称为学派,首先是这个团体由一大批精英学者组成,并且为某一个学科的发展做出了奠基性或者是开创性的工作;其次,这个团体有着自成一体的学术风格和精神。

以罗斯贝为首的芝加哥学派的学术风格和精神非常鲜明,它特别强调大气科学问题的基本物理原理,而不是停留在大气现象本身,这种从最基本的物理或流体力学原理出发来研究大气科学问题的风格,也许是芝加哥学派能够取得许多开创性研究成果的重要原因。

还在国内的时候,叶笃正就从校长竺可桢和老师王淦昌那了解了罗斯贝。他 1898 年生于瑞典,曾在斯德哥尔摩大学获得理论力学学士和数学硕士学位。1919 年,罗斯贝开始跟随皮叶克尼斯学习气象学和海洋学。1928 年,他在麻省理工学院建立了美国第一个气象系。今天,人们在天气图上使用红色标注暖锋,蓝色标注冷锋,这一标注法便是由罗斯贝首先提出的。

在第二次世界大战时期,飞机对天气条件的依赖非常大,高空气流对盟军在德国和日本的空袭行动影响很大,尤其是在日本上空,当时的 B-29 轰炸机在冬季执行对日本的空袭时,曾遭遇过很强急流。罗斯贝被请去解释有关气象原因,因为在芝加哥大学任教时,罗斯贝就关注太平洋上空的急流,并且与帕尔门共同提出了"西风急流"的概念。正因为有了在罗斯贝指导下的对西风急流的预报,大大地提高了盟军空袭的准确性。罗斯贝也因此声名鹊起。

芝加哥大学推崇的价值观与我国古代儒家经典《中庸》中提到的"博学、审问、慎思、明辨、笃行"的治学方法不谋而合。叶笃正感到很亲切,因为父亲给自己取的名字就是来自《中庸》。他觉得,自己与芝加哥大学有一种缘分,一种精神上的相近。因而,格外珍惜在这里的学习机会。

芝加哥大学有句名言"明辨之路是争论,而非顺从"。罗斯贝很喜欢叶笃正这个外表儒雅并且十分用功的中国学生,他鼓励叶笃正不能迷信权威,而要敢于质疑。

有一次,叶笃正跟罗斯贝一起讨论问题。叶笃正觉得导师有个地方说得有问题,于是就说出了自己的想法,并给出了理由。当时罗斯贝也觉得叶笃正说得有理。几天之后，罗斯贝又将叶笃正叫到办公室，指出叶笃正上次提的想法是错误的，并仔细分析了到底错在哪。这时叶笃正就拿出纸和笔，记录下老师的意见。罗斯贝拍拍他的肩膀说："虽然你错了，但你质疑的精神可嘉，一个科学家需要这样的精神。"

罗斯贝经常告诉叶笃正一句话：事实是最重要的。有一次，叶笃正交给老师一个观察报告，罗斯贝看了看，问道："这个数据，你能百分百确信？"见叶笃正回答得底气不足，罗斯贝亲自带着他去观察。老师这种一切从实际出发的精神给叶笃正留下特别深刻的印象。他的治学方式也影响了叶笃正。在叶笃正后来从事科学研究、带学生的时候，他最不能接受"似乎、好像、大概"这样的字眼，如果有谁在论文中出现类似推论，会被他立刻指出来。

翁翁郁郁的芝加哥大学校园是美丽的，它位于芝加哥市南的海德公园和伍德朗街区，东临杰克逊公园，西临华盛顿公园。有时候，研究之余，叶笃正和郭晓岚、谢义炳三人来到海德公园，找这里的华人聊天，一起回忆在中国的点点滴滴。

郭晓岚比叶笃正大4岁，他出生在河北省满城县一个农村家庭，凭借顽强毅力在1932年考取了清华大学，后来又考取了浙江大学研究生，师从竺可桢。

谢义炳老家在湖南新田，他父亲谢厚藩是满清末届秀才，曾就读上海南洋公学，是湖南省第一届公费赴英的留学生。小时候的谢义炳是个顽童，比他大12岁的哥哥毕业于中央大学，留校任助教，把他接到自己身边，教他如何读书、如何建立数学思维。1935年，谢义炳考取了清华大学，成为叶笃正的同学。后来两人又一同考取浙江大学气象学研究生,一道公派赴美国学习。叶笃正跟他开玩笑:"我俩真是形影不离啊。"谢义炳回答说:"那是,学相同的专业,今后工作肯定也在一起。"

"在一起,并肩战斗!"叶笃正紧紧握着谢义炳的手。

1947 年,冯慧也通过了留学生考试,来到了美国。

一颗挂念的心总算能放下。他们俩相互鼓励:好好学习,尽快学成归国。

在罗斯贝教授的指导下,叶笃正在攻读博士期间就在欧美权威期刊上发表了十余篇重要论文。

罗斯贝很器重这位研究能力很强的学生,将一个夏威夷气候研究的课题交给叶笃正去主持,并为他配了几名助手。

深知导师是力排众议才将这一重任交给自己的,叶笃正心中尽是感激、压力和定要成功的坚定信念。

叶笃正开始废寝忘食地展开工作,全身心地投入到项目研究中去。他为项目制定大方向,把关项目进展,并提出了很多大

1948 年叶笃正和夫人冯慧在美国

胆而独特的设想，最后形成卓有成效的理论成果，通过分析当时所能收集到的 1916－1940 年的资料，对夏威夷降水特征进行了详尽研究。1951 年，他们的研究成果在美国《气象学论丛》上发表。

1948 年，叶笃正的博士论文《大气中的能量频散》在美国《气象》杂志一经发表，立马引起了各国气象学界的高度重

1948 年叶笃正美国
芝加哥大学博士毕业照

视。这篇论文被誉为动力气象学的三部经典著作之一，直到今天仍被广泛应用于气象业务和科研工作中，因此叶笃正蜚声国际气象界，也成了芝加哥学派的重要力量。这一年他刚刚年满三十二岁。

时至今日，当人们提到芝加哥学派，提到芝加哥学派的中国气象学家叶笃正，都会不由得伸出大拇指，露出崇敬之情。

博士毕业后，叶笃正留在芝加哥大学给罗斯贝做研究助理。这一年，郭晓岚也顺利地完成了博士论文。谢义炳研究的课题是北美冷涡的选例分析，还在进行中。叶笃正鼓励他别急，一步一个脚印去完成。

1949 年，谢义炳的博士论文也顺利完成。照完博士照后，他喊上叶笃正和郭晓岚在馆子里祝贺了一下，随后在公园内合影留念。

四年前，三人从大洋彼岸来到美国，如今都顺利地完成

了学业,成为罗斯贝的得力助手。四年不见,祖国会怎样呢?他们很是牵挂。

这一年是 1949 年,中国发生了巨大变化。

国家强大,游子才有尊严。这是叶笃正和同学们在海外留学岁月的真实感受。虽然,叶笃正在美国的气象学界崭露头角,获得业界的广泛赞誉和尊重,但在美国的社会里,他还是深深感受到国家不强所带来的歧视。

一个同学要到芝加哥找房子,让叶笃正替他先到旅馆预订一间房。

当叶笃正来到旅馆,年轻的服务员看了看黄皮肤黑眼睛的叶笃正,问:"你是中国人?"

叶笃正笑道:"是的,我是中国人!"

服务员一副懒得搭理的表情说道:"我们没有提供给中国人的房间。"

这件事让叶笃正很受伤,他愣了半天,耐着性子解说,最后还是悻悻离开。半个世纪后,叶笃正回忆这件事时说道:"他那种说话的神态和语气,感觉到中国在他眼里是那么低劣。我现在想起来,还是愤怒得一塌糊涂。可当时有什么办法呢,历经八国联军的掠夺,历经日军入侵,积弱积贫的中国是那么软弱。我们在国外的游子当时也不知道自己的祖国将何去何从,经常是望着大洋彼岸,热泪盈眶,心中默默祷念:祖国啊,你早日强大吧! "

当初秉着科学救国的念头来到美国,在这里,他可以忍受自己被人欺负,却无法容忍人们对自己祖国的侮辱……

1949 年 10 月 1 日,新中国成立。

11 月 1 日,中国科学院正式成立。

消息传到了美国,叶笃正和妻子冯慧来到密歇根湖,奔跑,追逐。他们太高兴了——一个独立的新中国出现了,终于告别了四分五裂的局面,告别了烽烟战火!他们深信,重视科教的新中国会一天天强大起来。

这天晚上,叶笃正、冯慧,还有郭晓岚、谢义炳等在芝加哥的中国学生聚在一起,他们欢呼,拥抱,举杯,欣喜若狂地祝福祖国。

叶笃正竟然喝酒了,喝得满脸通红,他拍着谢义炳的肩膀说道:"该我们回去报答自己的祖国了!"

"对,一有机会我们就回去。"谢义炳说道,"百废待兴,祖国需要我们。"

一天,远在美国的叶笃正收到了一封来自国内的信件,写信人就是导师涂长望,此时的涂长望已经出任新中国政务院下属的中央军委气象局(今中央气象局)局长。

国家急需科技人才,周恩来总理想到在国外的一批留学生和学者。1949 年 12 月 6 日,政务院文化教育委员会成立办理留学生回国事务委员会,统一办理留学生及学者回国事宜。受中国科学院首任院长郭沫若委托,涂长望写信给叶笃正,希望他和谢义炳等学业有成的留学生回国效力,信中写道:"为了气象事业的发展壮大,盼你们尽快回国。祖国深情召唤。"

看到恩师的来信,知道祖国需要自己,叶笃正决定立即回去。

突然，他又犹豫了，妻子冯慧留学才两年，正在攻读博士呢。

冯慧得知丈夫心思后，说道："你的理想是科技报国，现在，恩师邀请，祖国召唤，当然应该回去啊。"

"可是，我怎么忍心让你一人在美国？"

"我随你一起回去！"冯慧说道，"回国去学习。"

"你博士学位快攻下了，这时候随我回去，你不觉得可惜吗？"叶笃正爱怜地问妻子。

"中国有句老话，嫁鸡随鸡，嫁狗随狗。虽然，我们是新时代青年，不信这些。但作为妻子，我应该支持你的理想与事业。你去哪我就去哪，更何况是回到我们的祖国。说可惜，你放弃这儿的优越条件和诱人前景，比我更可惜啊。我们一起回去。"冯慧抿着嘴，望着自己的丈夫。

叶笃正看着眼前的妻子，一句话都说不出来，轻轻地把她拥在怀里。密歇根湖面的风轻轻吹拂在他们心里。

得到妻子的支持，叶笃正便立即去跟罗斯贝商量，听听恩师的意见。

这时的罗斯贝，虽然加入了美籍，但他响应故国瑞典的召唤，毅然返回瑞典，组建斯德哥尔摩大学气象研究所，并担任所长。与此同时，他还分出一部分时间，继续指导芝加哥大学的气象研究工作。

敲开罗斯贝办公室的门，他正在看文献。见到叶笃正来了，他笑了一下："叶，你来了，我正要找你呢。"罗斯贝边说边起身亲自去给他倒了一杯咖啡。

"嗯，先生，我来是有事跟您说的。"叶笃正回答说。

"今天美国气象局派人来找我了，希望你去那工作。"罗斯贝说道,"这是许多人向往的。"

"他们找过我许多次,也是希望我去华盛顿工作。"

"为什么不去呢?他们答应给你大学教授一样的薪水,这足够你住高档公寓,买车子。更主要的是,那里有世界上最顶尖的研究室,作为科学家,多么期待顶尖的研究室啊!作为你的老师,我要把这些告诉你。"

"是的,这些我很清楚。但我的根在中国,那里需要我,我也希望回去报效自己的国家,一如您响应自己祖国的召唤。"

"我理解!理解你的报国热情,并且欣赏你这种感情。"罗斯贝停了一会说道,"但是,叶,我俩还不能完全相比。因为你们的国家刚刚结束内战,现在还是一穷二白、百废待兴,你回去之后没有实验室,没有科研氛围。你面对的困难有许多,还有想象不到的困难在等待你。人生短暂,生命是耽搁不起的。一个科学家的生命更是耽误不起的。"

"嗯,先生,这些我已经想得很清楚了。国家再穷,那也是我的祖国,就像儿子不嫌弃自己母亲一样。血脉相连,抛弃不了。"

罗斯贝看着自己心爱的弟子,心中更是生起一片爱惜之情,见无可挽留,便说道:"叶,你回你的祖国去吧,需要帮助就跟我说。"

叶笃正感激地望着慈父般的导师,深情地点着头。

好友卡普兰教授得知叶笃正要回国,把他约到酒馆,要了几道菜和葡萄酒,边吃边聊。

"叶,你留学几年时间里,写出了那么多有影响的论文,如果你一直在美国,在一流的实验室里,会写出更多更有影响的文章。"

"美国科研条件肯定好于我的祖国，而我的祖国需要我们，我回去，也能找到自己的舞台。我清楚，回去后，面临的问题很多，但我的根在那。只有在适合自己的土壤上，我才能扎根，才能枝繁叶茂。"叶笃正说道。

卡普兰见他如此坚决，也不再说什么，说道："科技无国界，需要帮助就说一声！"

一句话，足以打动心扉。叶笃正紧紧握着卡普兰教授的手："更期待未来我们代表不同国家，开展交流与合作。"

1950 年 2 月 14 日，新中国与苏联签订了《中苏友好同盟互助条约》，这导致美国对中国实行军事包围、外交孤立、经济封锁，中美关系急速恶化。

对于一些优秀留学生回国的事情，美国更是设置了重重障碍，严防叶笃正等一批优秀留学生回到中国。

要想回国，只能转道香港。但那时的香港是英国管辖，必须要到英国签证。

叶笃正等一批留学生去英国驻美领事馆申请签证，但屡次被拒。原本计划回国的有些留学生，也因此取消了回国念头，留了下来。

叶笃正和谢义炳也很无奈。两人在寒风中坐着，默默不语。

"笃正，看来我们是回不去了。郭晓岚已经放弃回国了，我们怎么办？"

"人各有志。只要决心不改，我们总是有办法回去的。"叶笃正宽慰谢义炳。

也就在这时候,昔日西南联大教授华罗庚写了一封致留美学生的公开信,信中说:"为了抉择真理,我们应当回去;为了国家民族,我们应当回去;为了为人民服务,我们应当回去;就是为了个人出路,也应当早日回去……回去为我们伟大祖国的建设和发展而奋斗。"

华罗庚教授在叶笃正等留学生中有很高威信和号召力。他一直是许多留学生心目中的榜样。幼年时,因为家境贫寒辍学,但他自学完了高中和大学低年级课程。20岁时,他以一篇论文轰动数学界,被清华大学请去工作。1936年前往英国剑桥大学,度过了关键性的两年,其中一篇关于高斯的论文给他在世界上赢得了声誉。随后,在清华大学、西南联大担任教授。1948年,他被美国伊利诺依大学聘为教授。新中国成立后不久,他毅然放弃在美国的优厚待遇,奔向祖国的怀抱。

响应华罗庚教授的号召!叶笃正和谢义炳回国的决心不变。这一日,两人再次来到了英国驻美大使馆,还没来得及递上申请表,工作人员一看又是叶笃正,便问都没有问,说:"对不起,已经说过很多次了,我们不会给你签发去香港的签证。"

"为什么不可以?"叶笃正想听到一个正当的理由。

"不可以就是不可以,你非要有个说法,就去问美国国务院吧……"工作人员也懒得说了。

"为什么要问美国,为什么要问美国国务院?你们英国是个独立的国家啊!"叶笃正气愤地说道。

工作人员不等叶笃正继续说,就把他和谢义炳赶出了大使馆。

一腔回国的赤诚之心硬是受阻，叶笃正越想越落寞，便独自一人来到罗斯贝的办公室。

罗斯贝虽然能理解叶笃正的回国之情，但他内心还是希望他可以留下来。罗斯贝要常去瑞典研究所，很难再找到一个像叶笃正这样的助手帮他处理美国这边的工作了。

"叶，既然美国方面不让你回去，那你就干脆留下来吧。回国的事以后再说。"罗斯贝语重心长地说。

"先生，在中国，气象很多方面仍是一片空白，我要回去，要把您的思想带过去，要把我们芝加哥学派发扬光大。"

听到这些，罗斯贝想了一会说："嗯，叶，这样，我先给你想办法恢复学生身份，然后再给你弄个去瑞典的签证，你以我学生的身份去瑞典是没有问题的，在瑞典待一段时间再回到中国去。"

这要很长时间。但也没有其他办法了，叶笃正深深地向导师鞠了一躬。

1950 年 8 月，在罗斯贝的帮助下，叶笃正恢复了学生身份，等待瑞典的签证。这时，有一艘开往香港的客轮"威尔逊总统号"在留美中国科学工作者协会的组织下，要带中国学者们去香港。

听到这个消息后，归心似箭的叶笃正立马去跟船长联系，船长表示欢迎带他们回国。

于是，叶笃正就匆匆辞别了恩师罗斯贝，私自回国。1950 年 8 月底，叶笃正偕妻子登上了"威尔逊总统号"轮船，开始回家的旅程……

回到祖国,报效祖国,是新中国成立后,一大批在美任教、留学的中国人的心声。

叶笃正乘坐的"威尔逊总统号"是二十世纪五十年代初承载留学的中国学者和学生最多的,共有 128 位。乘坐这条船回国的留学生还有邓稼先、涂光炽、余国琮、傅鹰、庄逢甘、沈善炯、鲍立奎、张炳熹、池际尚等人。

也是在这一次,在美国从事空气动力学、固体力学和火箭、导弹等领域研究的钱学森,带着妻子蒋英和两个孩子也准备回国,行李以及 800 千克重的书籍、笔记本都已经装上了"威尔逊总统号"海轮,临行前却被美国扣留。美国海军次长丹尼·金布尔声称:"钱学森无论走到哪里,都抵得上 5 个师的兵力。我宁可把他击毙,也不能让他回到中国"。

船在茫茫大海上航行,叶笃正愁眉不展。他告诉妻子,钱学森没一道回来,这是国家的巨大损失。自 1934 年 6 月考取公费留学后,钱学森先进入美国麻省理工学院航空系学习,次年转入美国加州理工学院航空系,师从世界著名空气动力学教授冯·卡门,后来成为世界知名的空气动力学家。他是多么难得的青年才俊!

"美国是一个爱才的国度,但以这样的方式留住人才真不好。"冯慧感叹,"但愿钱学森能冲破阻力回到中国。"

这次被阻后,美国联邦调查局以钱学森是美国共产党的名义逮捕了他,把他关押在特米那岛上的拘留所。后来,由于钱学森的抗议和美国友人的帮助,美国联邦调查局不得不将他释放,但仍然对他进行监视。直到 1955 年 10 月,经过周恩来的不断努力,以释放 11 名在朝鲜战争中俘获的美军飞行

1950 年 8 月 31 日乘美国总统轮船公司的"威尔逊总统号"回国的留美学者、学生合影

员作为交换条件,钱学森才得以回到祖国。

"威尔逊总统号"横渡太平洋,在大海上漂泊。

叶笃正经常与妻子站在甲板上,眺望祖国的方向。一个多月的航程,让他感觉太漫长。

"你啊,为了上船那么久都等了,现在还急着这个把月啊,就是立马给你一架飞机你还嫌慢喽。"妻子冯慧笑着说。

"嘿嘿,那倒也是,谁都像你啊,干什么事情都不急,爬啊爬啊爬的。"叶笃正说着,用双手模仿乌龟爬行。

"哼!"妻子冯慧故作生气。

"哟哟,有人嘴翘到天上去喽。赶紧赶紧,让那翘到天上的嘴回到地球上来,高处不胜寒啊,可别冻着了。"叶笃正越说越开心。

"好啦好啦,不说笑了。有人在喊你打牌呢。"冯慧指着船舱门口对丈夫说道。

"嗯,我还是去涂光炽那边聊天吧。"说着,叶笃正便牵着妻子进入船舱。涂光炽比他小四岁,老家在湖北黄陂,是叶笃正的学弟,上的是地质地理气象学系。两人既是同学又学的是相同专业,一路话题也自然很多。

有时候,叶笃正与邓稼先一起来到甲板上,看着涌荡的海浪,他们一起说西南联大的往事,一起憧憬未来。他们都有一个共同的地缘,那就是安徽怀宁。

对于怀宁,叶笃正只从奶奶和父亲嘴里听说过。邓稼先对于怀宁也是没有深刻记忆,但骨子里有一种亲近感。他1924年6月出生在怀宁邓家大屋一个叫铁砚山房的祖居里。铁砚山房的主人邓石如是邓稼先的六世祖,邓石如是清代大书法家。

邓稼先8个月大的时候,因为父亲邓以蛰从纽约哥伦比亚大学毕业后任北京大学教授,便把妻子和三个孩子接到了北京。

1950年8月31日叶笃正和冯慧在"威尔逊总统号"船上合影

漫漫行程,两人还说起了同乡陈独秀。叶笃正说道:"他领导了五四运动,挺了不起的,可惜无缘拜会这位家乡先贤。"

"1907年,我父亲在日本早稻田大学学习,结识了陈独秀。父亲曾告诉我,陈的新思想对他产生过积极影响。我二叔邓仲纯是古道热肠的医生,与陈独秀既是同乡世交,也是一同留学,情同手足。'七七事变'后,二叔接陈独秀一家到他所在的四川江津去居住。我表兄葛俞娶的是陈独秀二姐的女儿,所以算起来,他是我表舅。"说起陈独秀的人生际遇,邓稼先感叹不已。

9 月 12 日,船到达日本横滨港。就在停泊的时候,上来一批美国士兵,对留学生们一一查询,最后带走了赵忠尧、罗时钧和沈善炯。

叶笃正在西南联大读书时,赵忠尧是教授,后来去了美国研究核技术。见美军要带走赵忠尧等人,叶笃正站出来,说道:"你们无故阻止钱学森回国,为什么又在日本的国土上带走他们?"

"需要理由?"一名士兵盯着叶笃正,本不想回答,见他眼里充满刚毅与愤恨,指着罗时钧说道:"他,是钱学森的学生!他们,携带有美国国防秘密资料。"

叶笃正后来得知,赵忠尧三人被带走关进了巢鸭监狱,几个月后,又被转送到东京麻布区的"中国驻日代表团"驻地。国民党官员劝说他们回美国,他们拒绝了。后来台湾大学校长傅斯年来电,聘请他们任台湾大学的教授,他们更是断然拒绝。直到第二年,三人才辗转回到中国。

发生这起事件后,热血澎湃的青年都谨慎起来,只希望早日抵达祖国。到香港后,因为大家基本上都没有签证,便乘小船前往深圳罗湖。

到罗湖的时候,正值新中国的第一个国庆日。街头上人们在欢度国庆,有人得知这批游子归国,纷纷来到港口迎接。

看着又是唱歌又是跳舞的人们,从大洋彼岸回到祖国的青年学生们欢呼起来,一种久违的亲切感油然而生,大家相互拥抱,热泪盈眶。叶笃正也紧紧拥抱妻子冯慧,深情地说:"祖国,

我回来了！"

　　冯慧眼含热泪高呼："祖国,我回来了！"

　　"祖国,我们回来了！"大家高呼。声音飘荡在罗湖的上空。

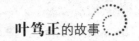

# 第六章

# 气象研究硕果累累

　　叶笃正一回到祖国，就去看望了赵九章和涂长望两位老师。多年不见，叶笃正变得更为沉稳，也更有知识。两位导师看着心里高兴，这意味着中国气象事业后继有人，大有希望。

　　竺可桢听说叶笃正回来，很是高兴。虽然在 1949 年从浙江大学校长的岗位上退下来了，但他把更多精力放在研究气象与农业的关系，重视气象气候与生产及人类生活的联系上。他告诉叶笃正，研究气象，一定要有大视野、大思维，要重视实践。他从 1921 年起就观察记录物候，这个习惯一直保留着。

　　等待工作的日子里，叶笃正带着妻子冯慧去北京三里村的叶家墓地祭拜父母。生母陈姨太的墓在父亲叶崇质墓地偏后,在她墓前,叶笃正的泪水簌簌而下。母亲出生在一个贫寒的旗人家庭,对自己的孩子要求严厉,寄予厚望。然而,孩子们大多是读书在外,很少陪伴在娘亲身旁,乃至她孤零零地病死在天津租界的一个小院子里。

因为是封建大家庭,叶笃正从小到大都是喊自己的亲生母亲为二姨。今天,跪在墓前,回想过去的点点滴滴,他忍不住哭喊起来:"娘,妈,我看你来了。你的七蔫儿从国外回来了。"

秋风吹着树叶,沙沙作响。

回来的路上,叶笃正告诉冯慧:"我感激我的家庭,我在那学会了笃信,学会了好学。然而,这个封建家庭也有许多该批判的地方,许多封建礼仪很束缚甚至是压制人的。我亲生母亲也深受其害,她是我父亲心爱的女人,但嫁到叶家凡事都做不了主,上面有我奶奶,还有两个太太。听说,她临死的时候还求大太太给她红裙子穿,大太太答应了,她硬是拖着身子去磕头谢恩。"

"为什么呢?"冯慧不解。

"封建家庭对于女子的言谈举止以及装束都有着极其严格的要求。不论是年老还是年轻的女子,只要结婚成家,就要规规矩矩地穿着整齐的裙子。如果客人来访,遇到主妇没有穿裙子,就会被认为是对客人的不敬和失礼。她们裙子的裙幅很多,每褶都有一种颜色,微风吹来,色如月华,叫'月华裙',但不能随意穿红裙子,只有正室才可以穿红裙。姨太太们,即使再受宠,即使是她的儿子登科及第做了大官,也不给穿。"

"国家也好，家庭也好，不能没有规矩，但人为地将大家分等级就过分了。"冯慧感叹。

"是的，我的生母渴望红裙子，她是多么希望她嫁进来的叶家承认她啊。可她没有料到，就像《红楼梦》里写的一样，一个封建大厦会倒塌。"

"封建王朝早成了历史，历经军阀混战，现在国家统一了，我们在践行自由、民主之路，我们会越来越好的。"冯慧说道，"你的家庭与《红楼梦》中的贾府不一样，你们家虽然存在一些封建烙印，但是这个团结友爱的大家庭，倒下的原因是外部原因，不，没有倒下，是另一种形式的新生，你们弟兄都学业有成，这是一种崛起。"

母校清华大学听说叶笃正回来了，立即派人前来邀请他去教书。叶笃正心想，在高校里，一方面可以继续从事理论研究，同时又能培养气象学人才，便答应了。

这时，赵九章担任中科院地球物理研究所所长，涂长望任军委气象局局长。叶笃正回来了，让他挑什么重担呢？叶笃正便告诉老师，准备去清华大学。

赵九章不太赞成叶笃正去清华大学教书。他告诉叶笃正，去清华大学培养人才当然也是为国家做贡献，中国气象学事业刚刚起步，眼下最为迫切的事是需要他这样的人才去奠定基础，去开拓。

"我愿意听从安排，回国就是为了实现我科技救国之梦！"

就这样，叶笃正被任命为中科院地球物理研究所副研

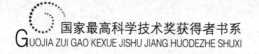
究员。

因为地球物理研究所在南京，赵九章便将叶笃正派到北京工作站任站长，负责军委气象局和地球物理研究所联合天气分析预报中心和联合气象资料室的工作，这为新中国的天气预报起了奠基性作用。

"要把天气气候研究室建立起来，告别天有不测风云的时代！"叶笃正与顾震潮、陶诗言、杨鉴初等人一道，在北京西直门内北魏胡同一座破旧房子内，开始了他们的气象研究。

在芝加哥大学，叶笃正的研究方向是动力气象学，而回国后他所承担的第一个研究项目是黄河流域降水状况的研究。虽然不是自己的特长，但叶笃正认为，只要是国家需要，便应义无反顾去完成。他与杨鉴初、高由禧一道，除了整理有关降水的月值、年值等降水总量外，还把各种极端气候进行统计，从而做出科学分析。1956 年，科学出版社出版了他们的研究成果《黄河流域的降水》。

我国地域广阔，降水地区分布不均。1958 年，国家开始开展人工降雨业务和科研工作。叶笃正参与了这项工作的组织领导工作。

人工降雨是一项复杂工作。有一次，他们乘飞机在高空作业，已经飞到了预定高度，可飞机仍在不断往上爬，机组成员也进进出出，神情紧张。

叶笃正感到有异常情况，悄悄问机械师出了什么事。原来，一个发动机坏了，只有爬高，这样下降时才有回旋的余地。叶笃正镇定地宽慰机组人员："千万别紧张，镇静地面对危险，一定会转危为安。"

同行的科考工作者也意识到发生了什么，都很恐慌地询问叶笃正出了什么事。

"我们完成工作需要飞往更高层，你们放心，机组成员有安全把握的。"叶笃正淡然地说道。其实，他心底也在暗暗担忧，不断祈祷能平安着陆。

在叶笃正镇静自若的指挥下，飞机终于平安落地了。

当初，在美国从事气象学研究的时候，研究室不仅有地面图、高空图，还有计算机。庞大、复杂的数据通过计算机计算，结果科学而准确。

新中国的气象舞台显然是简陋的，但叶笃正和同事们都满怀信心，斗志昂扬。

"要结束'天有不测风云'时代，仅有一张地面图是不够的，我们必须有天气预报必备的高空图！"叶笃正决定指导全体成员完成高空图。

酷暑时节，大家挤在陋室里，手摇蒲葵扇，精心计算，细致绘图，有时候甚至通宵达旦地工作。更多情况下，叶笃正拖着疲惫身躯回家，妻子冯慧和孩子们都睡了，他蹑手蹑脚地洗漱后进入房间。通常情况下，冯慧醒着等他，告诉他："厨房里为你煮了两个鸡蛋。"

叶笃正心头一热："不吃，留给你和孩子吃。"

"我和孩子哪有你辛苦，你身体垮了怎么工作？"

叶笃正吃着温热的鸡蛋，心中暖暖的。

第一张 500 毫帕的手绘高空天气环流图终于完成了。叶笃正为了鼓励大家，特意搞了一个庆祝仪式，看着墙上的巨幅天气图,他激动地说:"中国的天气预报工作迈开了重要的一步,接下来,我们会一步一步与世界接轨,然后是超越!"

因为在芝加哥大学接受了良好的训练,叶笃正也非常注重培养手下科研人员的绘图能力。即使后来气象事业计算机化了,叶笃正也认为用手绘图是一位气象科研人员的必备素质。

科学家李崇银是叶笃正的学生。他大学时跟叶笃正学习动力气象学,印象最深的是老师治学非常严谨。有一次,叶笃正看一位学生的文章,看到一些研究数据时,他皱起了眉头,让李崇银把这位学生喊来,当面询问。

面对老师的质疑,那位学生回答中说了一句"差不多吧"。

"什么叫差不多?到底差多少?"一向平易近人的叶笃正发火了,要求他把数据弄准确。

这次发火,让学生们都明白了,科学面前来不得一点臆测与马虎。后来担任中科院院士的李崇银也是这样严谨地要求自己和学生。

从绘图、看图教起,叶笃正呕心沥血,培养了一大批青年气象工作者。1958 年,他与顾震潮担任地球物理研究所天气气候研究室领导时,非常重视团队力量,在他的带领下,这个研究室成长最快,成绩最突出。到 1965 年的时候,全室有研究人员 183 人。

叶笃正的同事中,顾震潮、陶诗言、杨鉴初最为突出。他们 4 人为新中国气象学事业做出了巨大贡献,被誉为"四大金刚"。

顾震潮在 1950 年 5 月接受涂长望的邀请，放弃即将到手的博士学位，从瑞典回到祖国，是我国数值天气预报研究的开路先锋。他 1942 年从中央大学气象专业毕业后，考取了西南联大研究生，师从赵九章，1947 年又考取公费留学到斯德哥尔摩大学气象系攻读博士，师从罗斯贝，算起来是叶笃正的师弟。

陶诗言是国际知名的季风研究专家，他 1942 年从中央大学地理系气象专业毕业后，在中央研究院气象研究所工作。

杨鉴初虽然没有名牌大学或者留洋博士的光环，但他从一个观察员做起，在实践中勤奋学习。他研究气象学，不单纯用数理在研究，而是用历史资料来研究，被称为"杨鉴初法"。

这"四大金刚"受到后来气象工作者的敬仰，不仅仅是因为他们所取得的杰出成果，还因为他们虽然性格、禀赋不同，但有共同的追求，有通力合作的精神风范。他们身上突显了中国老一代科技工作者高尚的道德情操。

《三国演义》上有一个故事：火烧赤壁。刘备的军师诸葛亮和孙权的水师都督周瑜都想到火攻曹军的计策，让曹军连在一起的战船着火。但要实现这个计策，得有东风，否则会烧到自己的。于是诸葛亮搭台借来东风，最终大败曹军。

三国时期的诸葛亮真能向天借风？这当然不可以，"借东风"是小说演绎的故事，最多是诸葛亮能根据气象，预测到那一天有东风刮起。这是科学而不是神力。

风，包括雨、雪、雷、闪电都是自然现象。这些现象的发生

　　都是在大气层，气象学家们预报天气，就是掌握了大气运动的规律，从而能够"驾风驭雨"。

　　看似空虚无物的大气，是地球的保护伞，它拦截来自太空的陨石和宇宙射线，让我们安全地生活在大气底层。

　　大气层分为好几层。最外层距离我们几千千米，是极稀

叶笃正潜心研究中

薄的散逸层，空气分子在那里逃脱地球引力，进入外层空间。它的下面是温暖的电离层、寒冷的中间层、宁静的平流层，飞机通常就在平流层中平稳飞行。

　　平流层下面的一层稠密大气与我们的生活息息相关。这一层最厚有 20 千米，最薄不足 10 千米。在这一层里，暖空气不断上升，冷空气不断下沉，因而，科学家给它起个名字叫"对流层"。阴晴雨雪、风霜雷电等天气现象几乎都发生在对流层。可以说，一切天气现象都是大气运动的结果。

叶笃正在大气运动的研究上卓有建树。早在 1939 年，他的老师罗斯贝就用公式推算出中高纬度上空的一种带状西风的速度波长长达几千千米，称之为"大气长波"，也叫"罗斯贝波"。

大气长波虽然地处对流层中上层，但它在移动过程中，与地面的天气变化有密切联系。理论上这种波是颜色单一的单色波，实际上大气中的长波是由不同波长的单色波叠加形成的合成波。

还在芝加哥大学学习的时候，叶笃正就从理论上证明了合成波的传播速度比单色波传播速度快。他的博士论文《大气中的能量频散》系统地研究了大气中波动的群速、相速和波长的关系，解释了一系列重要气象现象。

频散理论研究应用在生活中有什么作用呢？人们根据"上游效应"理论，可以进行天气预报。比如，冬春季节欧洲大西洋沿岸的气流结构发生明显变化，很快，东亚上空的气流和天气也会发生剧烈变化，据此就可以预报我国大范围内的天气变化。在 20 世纪 80 年代前，这个方法是我国气象台站做 4~10 天天气预报的主要方法之一。

我们知道，正是大气的运动造成了各种气象。比如，台风就是发生在热带或副热带洋面上的低压涡旋，是一种强大而深厚的热带天气系统。它像在流动江河中前进的涡旋一样，一边绕自己的中心急速旋转，一边随周围大气向前移动。

大气运动，有局部的，更有大范围甚至是全球性的环流。

人类生活在地球上，很早就意识到大气环流的存在，并且加以利用，郑和下西洋、哥伦布横渡大西洋都是成功利用大气环流的例子。

在气象学上，一般所说的大气环流是指大范围的大气运动现象，它的水平空间尺度在数千千米以上，垂直空间尺度在 10 千米以上，时间上也会很长。这样的大气环流，不但影响天气，也影响气候的形成。

大气环流成因复杂。地球在自转和公转时，表面接受太阳辐射的能量不均匀，从而形成大气的热力环流；地球表面海陆分布不均匀，也会导致环流形成。因纬度不同，接受热量有差异，大气内部南北之间热量、动量会相互交换。

原因听起来很复杂，但我们能切身感受到大气环流的存在。冬天，我们常从天气预报中听到西伯利亚寒流这个名词，寒流来临，气温会迅速下降，指的是从西伯利亚地区南下的一股冷空气，这是极地环流。正是通过大气环流，整个地球的热量达到收支平衡。

叶笃正非常重视对大气环流的研究，并且成就巨大。1957 年，他和陶诗言等一起完成了题为《东亚大气环流》的英文论文，连载在《大地》杂志上。在文中，他们给出了东半球冬季和夏季对流层中层的气流分布，研究了东亚大气环流的季节变化，描述了影响东亚天气的主要天气系统。

在此之前，国外气象科学界不知道中国气象科学界在搞什么。论文发出来后，叶笃正在美国和英国的朋友不但知道了他的研究方向，也断言中国大气科学研究将紧跟着世界大气科学研究的步伐。

1958 年，叶笃正和陶诗言、李麦村通过研究，在《气象学报》上发表了《在六月和十月大气环流的突变现象》，对北半球大气环流突变现象进行研究和分析。在 20 世纪 50 年代，人们很少提及"突变"字眼，直至 20 世纪 80 年代，气候突变问题才成为科学界的热门话题。

也在这一年，叶笃正与朱抱真合作，出版了《大气环流的若干基本问题》，随后被译成俄文。这本著作是对当时大气环流研究成果的系统总结，也是中国科学家在新中国成立后短短几年内取得成果的展示。

大气中有一个严重影响气流流动的天气系统——阻塞高压。阻塞高压一旦出现，平均能维持 5 到 7 天，长的可以持续 20 多天，从而引起大范围的气候变化。亚洲的阻塞高压常常出现在乌拉尔山、贝加尔湖和鄂霍次克海上空，对中国气候影响非常大。比如，鄂霍次克海阻塞高压形成后对我国江淮地区梅雨天气的形成有很大影响。

在美国留学期间，叶笃正就对阻塞高压进行关注。回国后，为服务于天气预报事业，他不仅组织了关于阻塞高压的研究，而且对阻塞高压的动力学特征进行了新的探讨。1963 年，他与陈雄山一起发表文章，对阻塞高压的形成给出了解释。后来与陶诗言、杨鉴初、朱抱真等人一起推出了研究成果《北半球冬季阻塞形势的研究》，1978 年获中科院重大科研成果奖。

2003 年，《世界气象组织通报》评论说，叶笃正是对阻塞高压的形成、强度和地理分布做出满意解释的最杰出的气象学家之一。

大气运动状态是如何改变的？这是大气科学中的基本理

论问题。简单地说,千变万化的气象中,是风场占有主导地位还是气压场占主导地位,气象学界存在两大观点。

经典理论认为,风是气压分布不均造成的,因而气压是起主导的,当气压发生变化,风会适应气压场调整为新的地转关系,称之为风向气压适应。

叶笃正的老师罗斯贝通过研究,发现经典理论只给出了风和气压之间的平衡关系,并没有说明因果关系。他认为,既然气压的改变可以引起风的变化,那风的分布也应该可以引起气压的变化,此时就是气压向风适应。因此,两者关系是相互影响的。

在进一步研究的基础上,1936年,罗斯贝正式提出与经典理论相反的看法。他认为在风与气压的关系上,有的运动质量分布不是运动原因,而是运动结果。

到底是经典理论正确还是罗斯贝的理论正确?

中国的传统文化中,尊师被认为是一种美德,更何况罗斯贝是享誉世界的气象学家和海洋学家。但叶笃正认为,尊师不是盲从老师,科学工作者要尊重客观事实,一切从实际出发。

叶笃正通过分析,认为单纯强调气压为主导或风为主导的结论都不够全面,这里面存在着前提条件。

为此,他开始潜心研究这一课题。风餐露宿去野外考察,不分昼夜地进行试验。有一天,睡到半夜,叶笃正突然从床上一跃而起,妻子冯慧被惊醒,问发生了什么事。叶笃正不搭理,赶紧拉亮灯,在一个小本子上写起来。冯慧知道他肯定是想到什么问题,来了灵感,便随他,自己独自入睡。

为了研究,叶笃正学习老师竺可桢,身边常常带着小本子,有什么新观察、新思路,立刻记下来,这个习惯一直保持到九十多岁。

野外科研考察

最终,叶笃正得出了风与气压之间的适应过程与大气运动的范围有关的结论。那就意味着罗斯贝等人的观点只是在范围几百千米左右的天气系统中成立,而范围波及数千千米的天气系统中,传统观点是正确的。

他这个观点一提出,气象界很震动。有人说,叶笃正竟然敢于挑战权威,敢于推翻权威理论。他摇摇头说:"'推翻'这两个字是不准确的,最多只能说是质疑。我的研究结论也仅仅是对传统结论和老师的主张进行了补充。科学是探索不尽的,后人在前人肩膀上前进,时代总是在发展,学术也在不断深入。科学工作者要有质疑精神,但又不可妄自尊大,不能有一点成就就否定前人,把功劳全部揽到自己身上。"

叶笃正常宽以待人,治学的严谨感染了他身边每一个人。1954年,被分到中科院地球物理研究所的巢纪平深为叶笃正的治学精神所折服,满怀深情地写下了一段自勉的话:"天气变化万千,海洋汹涌澎湃,十分壮观。一个人有成就也好,有挫折也好,比起这些壮观的自然现象来又是多么渺小,所以有成就不必沾沾自喜,受挫折也不必灰心丧气。"

早在春秋战国时期,荀子说过:"积土成山,风雨兴焉。"这话道出了山川对气象的影响。

此后一千多年里,有人做出了地形对大气环流影响的研究。但没有人对青藏高原的气象进行研究过。叶笃正认为占我国陆地面积四分之一的大高原,对中国乃至世界的气候有着深远影响。为此,他艰辛探索,以大半生心血创立了青藏高原气象学这门新学科。

两三亿年前,地球上印度洋板块和亚欧板块发生碰撞。由于印度洋板块向北移动、挤压,其北部发生了强烈的褶皱断裂和抬升,促使昆仑山和可可西里地区形成了陆地。此后漫长的岁月里,这种构造运动不断延续。距今8000万年前,印度洋板块继续北移,再一次引起了强烈的构造运动。冈底斯山、念青唐古拉山地区急剧上升,藏北地区和部分藏南地区也脱离海洋成为陆地,逐渐形成了被称为"世界屋脊"的青藏高原,地质学上称这段高原崛起的构造运动为喜马拉雅运动。

青藏高原是一个高度超过4000米的椭圆形球体,长轴3000千米,短轴2400千米。为了研究它,叶笃正经常登上高原,在极其艰苦的环境下观测。

高原上氧气稀薄,在平原地区生活久了的人会有高原反应。叶笃正虽然身体很结实,但站在高原之巅,耳畔是呼呼风声,由于缺氧脑袋里也轰隆作响。

高原气候还变化无常,一会儿晴天,一会儿雨雪天。有一次,明明是阳光普照,忽然间乌云密布,雪花飘飞。助手们都喊叶笃正进帐篷避寒。叶笃正咬咬牙说道:"我们是来研究高原复杂气象的,风雨雷电正是我们研究的对象,不能有点困难就躲避,那样是得不到第一手资料的,只要身体还允许,就得咬紧牙关把研究进行下去。"

1959年,叶笃正与同行杨鉴初、陶诗言、顾震潮等人出版了《西藏高原气象学》一书。此后,他仍然没有停止研究,而是不断深入。1979年,叶笃正与高由禧等人合作出版了37万字的专著《青藏高原气象学》,对青藏高原气象学的研究进行了系统总结,是国际公认最权威的奠基性著作。

青藏高原对大气运动的影响,过去许多人的认识是模糊的。叶笃正通过大量的研究和总结,清晰地论述出青藏高原的三大作用:

机械动力作用。因为青藏高原是一个高达4000米的椭圆体,气流过山时,一部分爬坡,一部分沿着椭圆体边缘绕行。

热力影响。地球表面接收的太阳辐射在一天内的变化和一年内的季节变化,都与山脉有关。青藏高原形体大,高原上山峰林立,形成一个个"热岛",加强了高原的对流活动。气流经过粗糙面时,形成貌似杂乱无章的湍流。近地面的摩擦在高原表面使气流减速,而离高原较远处则照常行进,因而会产生地方性漩涡。

气象学上,有冷源、热源之说。但是,它的概念一直是模糊的。

1957年,叶笃正和罗四维等人发表文章,修正了此前关于冷源、热源的不适当或不正确的说法,给出了明确定义,那就是,一个经常供给空气热量的区域为热源,一个经常向空气取出热量的区域为冷源。

青藏高原幅员辽阔,地形复杂,它对周边的天气和气候影响也是巨大的。那么,它到底是冷源还是热源?

过去人们只知道它在夏季是热源,冬季则没有定论,对此有人认为是冷源,有人认为是热源。

叶笃正决定研究清楚这个问题。他带着同事考察青藏高原周边地区,查阅相关历史记录。1957年,叶笃正和同事在《气象学报》上发表文章,首次提出青藏高原在夏季是一个热源,冬季其西南角的一部分是热源,其余地区是冷源的论断。

这个论断的提出,引起了国际社会的关注。此后的十几年里,叶笃正通过进一步研究,指出无论冬夏,就整个高原来说,相对于大气,高原都是热源;而相对于四周大气来说,高原上空的大气在冬季是冷源,夏季是热源。

青藏高原这种冷热源的特性对气候影响有多大呢?叶笃正和杨广基等人又详细分析了青藏高原在东亚大气环流中的显赫地位以及对中东太平洋和南半球的影响。

叶笃正领头开辟的青藏高原气象学,探寻了青藏高原上特殊的天气和气候规律以及高原天气系统的生成、移动和演变特征,研究了高原的热力和动力特征对于东亚大气环流甚至整个北半球大气环流的作用,以及高原对下游地区天气、气候的影响。这为中国天气预报和数值预报提供了物理依据,在当时,这是国际气象研究的前沿方向。

美国气象学会在《美国气象学会通报》上评价叶笃正对青藏高原的气象研究,说:"他的工作是国际上第一个认识并从数学上表述青藏高原热源效应的研究,而在此之前主要是把高原作为动力机械强迫来看待。"

第七章

# 苦难中前行

　　1956 年 4 月 25 日，毛泽东在中国共产党中央政治局扩大会议上做了《论十大关系》的讲话，提出了"百花齐放，百家争鸣"的双百方针。一个月后，中宣部部长陆定一面向知识分子讲话，提倡在文艺界和科研工作中要有独立思考的自由，有辩论的自由，有发表意见的自由。

　　1957 年 4 月 27 日，中共中央发出了《关于整风运动的指示》，决定在全党开展以反对官僚主义、宗派主义和主观主义为内容的整风运动，号召党外人士"鸣放"。

　　"鸣放"影响到科学研究。担任技术员的巢纪平利用业余时间做出了一个大地形对大气环流影响的三维非线性方程的惯性理论解。这个研究初稿被一位领导看到了，生气地批评他说："你这个研究得到了谁的同意？"

"没有,是业余研究。"巢纪平战战兢兢地说。

"什么业余研究,这是种自留地！"

带着难过、失望的心情,巢纪平找到叶笃正。他看完稿子后,说："科学无止境,哪有什么自留地。我也在研究这个问题,不过是关于正压大气的,而你做的是斜压大气的研究,你的初稿很好,这个课题我不做了,你做下去吧,我安排两位统计员帮你计算。"

"这、这,可种自留地的问题？"巢纪平激动得有些结巴。

"我去解决,你放心做研究。"

在叶笃正的帮助下,巢纪平终于完成了这个研究。叶笃正很看好这个年轻人,决定提携他,虽然巢纪平仅有大专学历,但叶笃正与顾震潮一起推荐,并得到赵九章所长的支持,以华罗庚为组长的评审小组对巢纪平进行了长达 3 小时的答辩,试图破格提升巢纪平为副研究员,1964 年,他终于评上了。

民主人士"鸣放"的内容越来越多,也越来越激烈、尖锐。随后,掀起了"反右派"斗争,民盟的章伯钧、罗隆基、费孝通、叶笃义、钱伟长,九三学社的金宝善、储安平,文艺界的丁玲、冯雪峰、艾青、傅雷、刘海棠等知名人士都被打成右派。

这年秋天,叶笃正从青藏高原做研究回来。刚到家,听说哥哥叶笃义被关进牛棚。他立即放下行李就去看望。

被关押的叶笃义神情沮丧,见了七弟,他连连摇头说道："国家提倡'鸣放',我便谈了自己的一些感想,那都是本着爱国的赤诚之心啊。现在好了,进了牛棚。不该说,真不该说。"

"你别自责,哥,你是爱国的,也是有贡献于国家的啊,早在 1936 年,你就与笃庄哥在天津办知识书店,那可是共产党的掩护机关啊!"叶笃正宽慰兄长道,"时间会证明你的,你千万别沮丧。"

"有点摸不准。"叶笃义叹息道,"我曾是政务院政法委员会委员,又担任民盟中央副秘书长兼办公厅主任,怎能在会上三缄其口呢?"见了弟弟,叶笃义满肚子的委屈都想倒出来,"1949 年,我去香港打探张澜、罗隆基的消息时,找了美国一位副领事买票。他想用金钱收买我,打探中共消息,我拒绝了。1938 年,我代表张东荪到太行山解放区,与十八集团军副总彭德怀签署《七七抗日协定》,我是有功的啊,一直是爱国的啊⋯⋯"

听兄长叙述后,叶笃正热泪盈眶,宽慰他:"别想太多,你对国家和人民的忠诚是抹煞不了的,眼下别背负太多自责与悲伤。一个国家在前进中难免有曲折,难免走弯路,我们个人也一样,眼光要长远。"

"悲伤倒谈不上,只是有点酸楚,莫名的酸楚。"叶笃义眨眨眼睛,继续说道,"你搞科研是对的,少说多做吧,要埋头苦干。"

回到地球物理研究所,单位也在开展讨论会。主持人让大家对眼下形势发表看法。

叶笃正忍不住,站了起来说:"章伯钧、罗隆基、钱伟长,这都是对国家有贡献的人,怎么说几句话就成了⋯⋯"

"叶笃正同志!"党委书记卫一清语气很严厉地喊着他的名字,说道,"你刚从外面考察回来,许多情况不了解,你待会随我来,所里还有事与你商量!"

叶笃正随卫一清来到他的办公室,刚一坐下,卫一清便说道:"你是真认不清形势还是怎样?你兄长叶笃义成右派了,你怎么还口无遮拦?"

"不对!"叶笃正咂着嘴,"前段时期,又是报刊,又是社论,又是文件,让人畅所欲言,怎么现在又不给说了呢?我没法理解啊!"

"凡事都有个度,没法理解也得理解!我们是科技工作者,埋头苦干、扎实工作才是本职工作。"

叶笃正无言,默默地看着窗外。只觉得,一股寒意袭来。这股寒意,不同于西伯利亚寒流所带来的,是他这位气象学家无法预测的。

2004 年,88 岁高龄的叶笃正在回顾这段岁月时,深情地写下文章说道:"卫一清已去世多年,但我永远不会忘记他的恩情。"

走过惊险的"鸣放"岁月,叶笃正更加投入地埋头搞研究。

然而,时代并不宁静。1958 年,《人民日报》发表社论,提出用 15 年左右的时间在钢铁和其他重工业方面超过英国,用 30 年左右的时间在经济总量上超过美国。

人们普遍处在一种亢奋状态,进入"大跃进"时代。

全民毁山伐木,砸锅炼铁。与此同时,虚报粮食产量的"浮夸风"盛行,越刮越猛。河北徐水县号称一年收获粮食 12 亿斤。实际情况则是粮食的严重不足,许多地方出现饿死人的现象。

一天，叶笃正在家里读关于大气环流的资料，所里同事吴晴（化名）拿着刚刚出版的《人民日报》跑来找他。

叶笃正拿来一看，头版头条是《麻城建国一社出现天下第一田：早稻亩产三万六千九百多斤》。吴晴没等叶笃正看完，迫不及待地说道："看看，农民都能做这么大贡献，我们的工作可不能蜗牛一样爬行，全党全国在号召'大办''特办'，我们的气象研究工作也要来几个'大办'，给全国人民看一看！"

叶笃正放下报纸，问道："过去，农民亩产早稻多少斤？"

"我们老家那好像也就几百斤吧。"吴晴想了想，呵呵笑着说，"那时落后，现在可不一样。"

"从几百斤一下子提高到三万多斤？我心里总有点纳闷。"叶笃正陷入思索。

"这能有假？《人民日报》头版头条啊！"吴晴反问道。

"我不是那意思，不是怀疑。"叶笃正赶紧说道，"是说我们的气象工作要建立在事实基础上。我们不能懒惰，但也不能不顾事实去冒进。"

"我着急啊，党和人民交给我们的任务，要早日完成啊！"

"科学是循序渐进的，我们会加快研究步伐的。"叶笃正说。

吴晴没说什么，默默地走了。

在一旁没有说话的冯慧说："看吴晴的表情，好像不悦啊！"

"搞不懂，科学是要一步一个脚印的，能去'大办'吗？那是出风头，是急功近利，是邀功请赏！"叶笃正有些生气，转而又问妻子，"粮食亩产三万六千九百多斤，你说有可能吗？"

"我心里也在嘀咕，说可能吧，这一亩田就是挖出三万多斤土，那也要挖很深啊！说不信吧，这是《人民日报》说的，谁敢乱写？"

"乱写是不敢的。所以，这事还不能随便说！"

"不随便说，你埋头搞研究。"

"你也一样！"叶笃正对妻子说。

"我哪能埋头研究？三个孩子的生活怎么办！"

"孩子们全靠你了。"叶笃正感激地望着妻子。

随后的日子越来越艰难。物资靠供给，三个孩子又正是长身体的时候，为了让他们吃好点，叶笃正拼命节省，因工作量大，他出现了水肿。

为了研究青藏高原的气候，叶笃正要去一次西藏。冯慧不同意，说道："你都水肿成这样了，怎能去高寒地区？"

"不要紧的，不知去了多少趟，都适应了。"

"可是，你现在身体不允许，要去也得等段时间，等水肿好了。"

"等不及了，高原对大气环流影响的有些问题得再去研究。"

冯慧知道丈夫认准的事情很难拉回来，悄悄去厨房，含着泪煮了两个鸡蛋，端出来摆在桌子上，心里还在生气，也不说话，意思是让叶笃正吃了。

"不吃了，维江读中学，给他吃。"叶笃正说完，拥抱了一下含泪的妻子，出门了。

20 多个日日夜夜，冯慧天天挂念着丈夫——他双腿水肿，能经受得起高原缺氧的环境？

这天傍晚，冯慧安排好三个孩子入睡，静静地翻着关于高原的书籍。许多对高原反应的描述，比如头疼、肺气肿，甚至死亡，如一道道阴霾，在她的心头闪动、聚集，她心中格外恐惧。突然传来敲门声，节奏是那么熟悉，打开一看正是风尘仆仆的丈夫。

冯慧鼻子一阵酸楚，泪水夺眶而出，她紧紧抱住站在门口的丈夫："你还活着？太为你担心了。"

"高原没你们想象的那么可怕，你是患了'恐惧症'。其实，它是我研究的对象，是我事业的基石。高原是人间圣土，很纯净、很美的。这次我们登上 5300 米海拔的半拉山口时，湛蓝天际一碧如洗，皑皑雪山纤尘不染，彩色经幡迎风招展，很美啊！"叶笃正拍着妻子肩膀说道。

"你呀，挺乐观的！"冯慧破涕而笑。


1961 年深秋，阳光下的北京城一片柔和的格调。

人们骑着自行车上班，微笑洋溢在脸上，生活又恢复了生机。

叶笃正站在研究所门口，等候一个人——从苏联攻读博士归来的曾庆存。

1954 年，曾庆存在北京大学物理系读书的时候，叶笃正给他们讲授动力气象学。他对曾庆存印象非常深，这位憨厚朴实的学生学习刻苦，还喜爱诗歌，说话常常带着诗意。"用诗的语言描述科学现象和原理。"这是叶笃正当时常常给他的鼓励。

曾庆存来了,首先向老师深深鞠了一躬。随后,师生二人深情拥抱。分别几年,学生学成归国,叶笃正非常高兴。

研究所里房子紧张,叶笃正让曾庆存与自己一个办公室。

曾庆存有些过意不去,说道:"这不影响您办公吗?"

"不影响,你刚刚在苏联读完博士,有新的知识,这样办公我们交流起来也方便些。"

下班后,叶笃正随曾庆存一起去他的宿舍,叶笃正发现他的被子很单薄,二话没说,跑回家拿了一床被子过来。

"老师,您家三个孩子都需要被子啊!"

"不要紧的,家里有,你刚刚参加工作,条件差些。"

两个人一个办公室,学习上、工作上交流得非常多。叶笃正是一位在理论上敢于突破的科学家,这让曾庆存感觉到,在他的身边获益良多。

1964年,曾庆存因喉咙问题做了一次大手术,不得不去南方一个亲戚家休养。

叶笃正担心他不能静心休养,每隔一段时间给他写信,告诉他北京发生的事,告诉他同事们的研究成果。

这一年10月16号,我国西部地区新疆罗布泊上空,中国第一次将原子核裂变的巨大火球和蘑菇云升上了戈壁荒漠,第一颗原子弹爆炸成功。

叶笃正因参加了这项实验工作的天气保障工作,荣获个人二等功。他激动得彻夜难眠,激动的原因不是自己获奖,而是原子弹爆炸成功。一连几天,他总是自言自语:"好,好!中国掌握了这一技术,就可以挺直腰杆了。"

得知主持这一项目的是邓稼先后,他几乎流泪了,对妻子冯慧说:"邓稼先,我的怀宁同乡,当初我们一道乘坐'威尔逊总统号'回国,他太伟大了,难怪这么多年没他的音讯,原来他在戈壁滩默默从事核弹研究,这需要多大的毅力啊,个中困难非常人所能想象啊!"

"是的,想想邓稼先,我们真该在自己的岗位上努力,再努力。"冯慧说道,"我真想再去美国留学,把博士攻下,用所学的知识回报国家,可惜,现在中美关系到了这一步,去不了。"

"委屈你了!"叶笃正拍拍妻子的肩说,"当初,你要是推迟一年回国,早拿下博士学位了,你冯家兄妹的学识可是名震苏州的。"

叶笃正说的可是实话。冯慧兄妹四人中,哥哥冯焕后来出了国,任美国通用电器公司研发中心高级工程师;冯慧自己也通过努力,不断在研究上有新成果,担任中科院动物研究所研究员;大弟冯康后来担任中科院计算机中心主任,中科院院士;小弟冯端是著名物理学家、中科院院士。2012年5月15日,在冯端90岁华诞的祝寿会上,一颗国际编号为187709的小行星被宣布正式命名为"冯端星"。

随后,叶笃正到新疆考察。目睹新疆建设兵团取得的成就,叶笃正非常兴奋。在途中给在南方休养的曾庆存写了一封信,谈他因原子弹爆炸而自豪,谈他为新疆建设成就而骄傲。他勉励曾庆存,要好好为日益强大的国家而努力工作。言语间,流淌的情感是那么真挚,曾庆存读后深受感染,这封信

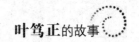

他一直保留着。

1965年,曾庆存康复后,回到北京工作。

曾庆存将写好的两篇论文给叶笃正看。叶笃正看后说:"非常有价值,值得在《气象学报》上发表。"

《气象学报》很快排版了这两篇文章,准备印刷的时候,"文化大革命"开始了,刊物被停了下来。

气象研究工作受到了很大冲击。叶笃正告诉曾庆存,别受潮流影响,不能放弃心爱的研究事业,更要留心国际上的研究动态,建议他关注人造气象卫星的研究状况。

在一次留美华人科学家回国访问座谈会上,曾庆存也被邀请参加了,他关于气象卫星的一席话引起了领导的注意。总参谋部气象局找到他,让他写一本有助于气象卫星研究的书。一年后,他写出了《大气红外遥测原理》一书,在学界引起了很大轰动。

叶笃正不仅扶持年轻人,还十分关心相关学科的发展。1984年积极追求上进的巢纪平从中国科学院转到国家海洋局后,开展了使海洋环境预报从定性走向定量的研究,但当时没有经费支持,而国家"七五"科技攻关项目已经定案。情急之下,叶笃正和北大的谢义炳帮他到当时主管攻关项目的国家计委申请并答辩,终于追加了项目资金,使得我国海洋环境预报业务一下走到了当时的国际前沿。

1964年4月,地球物理研究所向中科院打了一个报告,提出由叶笃正担任大气物理研究所所长。

根据叶笃正的研究成果和他在研究所的口碑,批准应该是没有悬念的。在等待结果的日子里,冯慧问他:"你是不是有些激动?"

叶笃正正在吃饭,听后立马笑了,饭差点喷出来:"你怎么问这个问题,好滑稽。"

冯慧也笑了:"你如实告诉我,我想知道你的真实心态。"

叶笃正表情严肃起来,说道:"说一点都不激动是假话,但也不是那么激动,科学工作者不能太在乎头衔。话又说回来,担任了这个所长,我的许多研究思想能实现,能带领中国的气象学研究走进世界先进行列。"

随后,北京在大范围批评吴晗的历史剧《海瑞罢官》,叶笃正感到莫名的寒意正在袭来。

时任的中央办公厅主任杨尚昆被免职,中央书记处书记罗瑞卿遭到软禁,北京市委书记彭真和中宣部部长陆定一也被停止工作……叶笃正心中有着不祥预感:正常的科研工作将受到冲击。

中央"五一六通知"发出后,大、中学校的学生率先起来"造修正主义的反"。在很短的时间内,由学生组成的"红卫兵"组织蜂拥而起,到处揪斗学校领导和教师。

一天深夜里,叶笃正刚刚睡下。有人敲门,开门一看,来了一批人,把他叫到研究所办公大楼。

四周都是人,叶笃正坐在中间,他想抬头看看是哪些人。

"不许抬头!"

叶笃正马上将头埋下。

"知道为什么半夜揪你起来吗?"

"不知道!"叶笃正摇摇头。

"要老实交代！"

"不知道要我交代什么。"

"交代什么？交代你是特务，是美国派来的特务。"

"不对，我是满怀报效祖国的热情回来的。"

"报国热情？美国人挺重视你的，你为什么放弃高薪回来，肯定是带着什么目的。"

"嗯，我是带着目的回来的。"

"什么目的？快说！"

"科技报国！"

"还嘴硬！"有人踹了叶笃正一脚。

两个多小时过去了，天气炎热，几十人围坐一起，都汗流浃背。最后有人说话："今晚批斗结束，明天一早，你把反思写在纸上！"叶笃正听出声音来了，是研究所的吴晴。

第二天，叶笃正交给吴晴一张纸，上面写着："我不是特务！"

"你，你！"吴晴脸色铁青。

叶笃正被隔离在大气物理研究所一间小屋子里，负责监督他的是一个叫刘克武的年轻人。

又有一天，集中审判开始了。吴晴厉声问道："叶笃正，你出生在一个资本家家庭，受美国指使回到中国，究竟是为了什么？"

"为了科技报国，但不是受美国指使，而是出自我的一颗赤诚之心！"

"赤诚之心？我们调查了许多问题。"

"哪些问题？要有证据。"

"你回国后,带了许多学生,但你把他们都带坏了。把美国人那一套资产阶级的科研方法都教给学生了。"

"我教给学生的是科研精神,那是没有国度区别的。"

"你在美国是不是工作很好?"

"是的,你们早问过,我也早说过。"

"你的那个论文在美国是不是影响很大?"

"是的,不仅在美国,在国际上都有影响。"

"美国人是不是让你单独住很大一所房子?"

"是的。"

"在美国,你的工资是不是跟教授一样?"

"是的。"

"你在那儿各方面都很好,但你却回来了,这让人不可思议,你回来不是当特务,那是干什么?"

"你们血口喷人,诬陷!"

"诬陷?叶笃成,现在改名方实,是不是你亲弟弟?"

"是的,我们是同母所生!"

"他早在 1944 年就说你是特务,说你在'一二·九'运动中被捕后当上了特务,你是他的上级,指派他混进延安,搜集情报,是否有这回事?"

"你,你们……"叶笃正万分气愤,厉声说道,"那是规劝组引诱他说的,组织上后来查清了,给了他清白!"

"你们特务受过训练,有一套蒙蔽组织的伎俩!"

"我呸,你们无中生有,卑鄙小人!"

"嘴硬,给我打!"

一行人对叶笃正拳打脚踢。

眼镜掉在地上，泪水模糊了双眼。叶笃正双手颤抖着去找眼镜，正在摸寻的时候，一双手伸了过来，将眼镜放在他手上。他抹了抹眼睛，将眼镜戴上一看，为他捡眼镜的是监督他的青年刘克武。

叶笃正内心无比痛苦，弟弟叶笃成1944年写材料说自己是特务这件事确实属实，但那又是多么让人心酸的往事啊！

1935年，叶笃成读高三，受几个哥哥的影响喜欢上进步书籍。一天，他坐在电车上看一本华岗写的《1925-1927中国大革命史》，被身边的宪兵发现，带到警察局去盘问了，后来，听说他是叶崇质的儿子时，便释放了他。

1939年底，叶笃成与新婚妻子白天从第二战区阎锡山部队转到延安。1942年，他被调到边区政府交际处，因为接触的人员身份、关系复杂，为了不影响哥哥们，他便改名方实。

得知弟媳白天的身体不好，还在西南联大读书的叶笃正写信给笃成，说为了白天的健康，建议他去大后方工作，并且介绍清华大学的同学给白天治病。

这时期，延安整风运动越来越严厉。当时担任交际处整风小组组长的叶笃成，没有意识到厄运正向他袭来。他那在晋西抗战学院一起工作的同事比利菲面对逼供压力，向组织汇报说方实是特务。

这一天是1943年4月3日。叶笃成的顶头上司、交际处处长金城对他说："晋西北区来了电报，调你重回晋西北，赶紧收拾行李，马上有人来接。"

下午，一个警卫牵着马来接叶笃成，经过保安处，警卫说要喂马,让他去办公室休息。刚坐下,有个人凶神恶煞地对他说:"你有严重的政治问题,对人民有罪,必须老实交代。"

就这样,叶笃成被关在一个窑洞里,关了两个月后,有人来提审他。

一般人的提审在白天,头上蒙着大棉袄,看不清审问人,只能回答问题。叶笃成的提审在晚上,没有蒙棉袄,也没人打他,只是问一些问题,其中有一位提审人员是李克农的女儿李宁。

迅猛而来的运动如滔滔洪水,许多人被戴上了叛徒、特务、汉奸、托派的帽子。有一次,康生给中央直属机关干部做报告,指出要抢救"失足者",要求"失足者"坦白交代,不能失却"宝贵的时机"。

规劝组给叶笃成做工作,说:"只要是关押起来的人,四顶帽子总会给你一顶,你随便写吧,哪怕编也行,只要交代了,立即自由。你没有做过叛徒,也没当过汉奸,说托派也不像,就说是特务吧,你就写谁指使你来的,带什么任务混进边区,最后再写写愿意痛改前非,争取组织宽恕。"

窑洞日子多苦啊,四五个人住在一起,没有窗户,只在门上开一个伸不出脑袋的方洞,供外面的人巡视、送饭、送水。最难受的是窑洞墙角有一个大尿桶,有人拉稀泻肚子也用这个,不透风的窑洞,没有盖的尿桶,污秽的空气让人窒息。叶笃成实在待不下去了,说自己受特务兄长叶笃正指使,潜入延安获取情报。

交代以后,叶笃成立即被放了出来。他心想,反正七哥叶笃正不是党员,又在大后方,所说的事情难以查证。没想到还是留下了祸根。

因为整风的扩大化,延安和边区风声鹤唳,草木皆兵,难免有人蒙冤。曾学习于北京大学的王实味因为写了《政治家,艺术家》和《野百合花》两篇文章,被康生下令逮捕,关押到1947 年,最后在晋西北的兴县被处决。他的妻子刘莹,守候40 年,到 72 岁的时候才得知丈夫早已去世。叶笃成在回忆这段岁月时说道:历史是真实的存在,既厚重又鲜活。这里有数不尽的足以令全民族骄傲的辉煌,也有不少让人难以释怀的曲折、坎坷和磨难。

新中国成立后,叶笃成在新华社工作。1956 年在中央党校学习时,他与老上级金城同班,想起过往岁月,不免心存疙瘩,经常见面也没什么交流。

1992 年的一天,担任过中央统战部副部长的金城突然要见叶笃成。

叶笃成赶到金城的家。他躺在床上不能起来,用微弱的声音对他说:"我对不起你,向你道歉。延安整风时,是我把你送进保安处的,让你受了委屈……"

叶笃成深受感动,热泪盈眶,抹去金城眼角的泪水说:"那是特殊时期,我们都是被逼无奈的。我不也乱咬人吗,甚至,说我兄长叶笃正是特务上级啊。所以,我早已原谅您和比利菲。希望这样的时代一去不复返,我们的子孙不用再经历这样的岁月,再也不会有这样不堪回首的往事。"

金城点点头。两行热泪再次滑落。

随着"文化大革命"的深入发展,对叶笃正的管制也越来越严。"国民党特务""资产阶级反动学术权威""美国特务"，这些莫须有的罪名一齐向他袭来，住牛棚，无休止的批斗、游行和审查。

长子叶维江从中国科学技术大学毕业后，因为父亲是"特务"，他没有工作，便去工厂打铁。平时满脑袋都是数理化的知识，现在只能抡起锤子砸铁，他把对社会的不理解，对命运的不屈统统转化在锤子上，朝着赤红的铁块砸去。砸得双手起泡，水泡破了流血水，随后又长成厚厚的茧。

思考中的叶笃正

一次，叶维江去看牛棚中的父亲。看着又黑又瘦的儿子，叶笃正忍不住流下热泪，双手颤抖地抚摸着儿子的脸颊，痛苦地说道："孩子，对不住你，是我连累了你！"

"不，爸爸，您教会了我许多。"叶维江故意笑着，宽慰父亲道，"打铁很好，可以锻炼身体，磨炼意志。尤其是夏天，在炉火前打铁，一个暑季打下来了，我现在什么都不怕了，你看，这胳膊也长粗长结实了。"

叶笃正看着儿子将着衣袖露出胳膊的神态，他欣慰地笑了，说道："好，有志气！但你也要记住，家庭和国家培养了你，你是中科大的学生，要有更大志向，不能让打铁荒废了学业，打完铁要看书，要争取深造！"

叶维江点点头："我一定记住您的话，争取考研，还要出国留学！"

停了一会，叶维江问父亲："爸爸，您当初在美国生活得那么好，为什么要回来？"

叶笃正愣住了，想不到儿子会问这个问题。"你相信你爸爸是美国派回来的特务吗？"他痛楚地问。

"不会！"叶维江摇摇头。

"我回来是因为祖国召唤我们。不仅仅是我，还有一大批留学生，都是带着纯真的感情，带着科技报国的梦想回来的。有些人的报国梦已经实现了，比如邓稼先，他已经成功让原子弹爆炸了，震惊了世界。有的人正在实现自己的梦想！"

"可是，"叶维江看着四周，说道，"这个国家需要你们这批满怀报国热情的海外留学生吗？和您一道回来的人，多少人被打倒了，拉上街头游行、批斗！"

叶笃正长叹一声，说道："维江，我觉得这只是暂时的，暂时性的群魔乱舞、小人作乱。我相信，这一切会过去，科技的春天会来临。孩子，你说呢？"

"只是，这要等多久呢？"叶维江嗫嚅道。

"天也有阴晴，但乌云是遮不住太阳的，你记着！"

叶维江点点头,喃喃说道:"乌云遮不住太阳。"

女儿叶维明初中毕业后被安排到农村插队。原本在父母的呵护下成长,现在让一个十五六岁的姑娘去农村干活,叶笃正内心有多少牵挂啊。一丝丝牵挂化作一封封信,信中叶笃正鼓励她要多向老乡学习,同时也不要忘了学习文化。懂事的维明干活勤快,学习认真。当时,上大学靠推荐,当地推荐她上大学,结果一查她父亲的身份,她自然上不成了。

在河北涿县当气象预报员的时候,叶维明参加了北京师范大学的一个训练班,成绩是全班第一。她想正式成为北师大的一名学生,也因为父亲的问题没有成功。

丈夫被审斗,孩子们都在外参加劳动,这可苦了冯慧。她的科研工作被停止,更悲惨的是,吴晴等造反派头目将她赶出了单位分给她和叶笃正的住房。

生活无比凄苦,精神备受打击。但冯慧更放心不下的是叶笃正。儿子叶维江结婚,叶笃正想回家看看,可造反派不允许。

弟弟笃成来看哥哥,叶笃正便委托他作为家长代表为叶维江主持婚礼。他还要了一张纸,写了一封祝贺信。

读着丈夫的信,冯慧知道他内心的凄楚。她省吃俭用,经常带着馒头去探望,鼓励他要想开点,咬紧牙渡过难关。

叶笃正忍不住热泪盈眶:"我吃点苦不要紧,只是苦了你和孩子啊,原以为这运动是一阵风,很快会过去,过去之后我还能重新去研究,可眼下愈演愈烈,泪眼望长安,乡关在何方?满目疮痍,内心伤痛啊!"

1968年,北风阵阵,在北京城上空呼啸。一个震天霹雳让叶笃正万箭穿心——恩师赵九章含冤自尽了。

从 1967 年开始,赵九章所有职务和权力被剥夺,他白天学习,晚上要接受野蛮的批斗。

造反派追查赵九章的家庭出身,发现他是国民党军统特务戴季陶的外甥,还做过戴季陶的机要秘书,考上公费留学后,又与蒋介石的儿子蒋纬国一同在德国攻读气象学。

得知赵九章的这些身世背景以后,造反派对他的批斗更是变本加厉。1968 年春节刚过,他被押到北京郊区红卫大队改造,挂在脖子上的牌子有十几公斤重,套在脖子上的是铁丝,脖子都勒出道道血槽,造反派还用烟头烫他,让他受尽极端屈辱。身为"651"卫星设计院领导的他,有关会议被阻止参加,火箭金属材料专家姚桐斌被造反派踢死的噩耗传来更是让他心碎。

希望彻底破灭,对生活和世界彻底绝望,1968 年 10 月 10 日深夜,为新中国的科研事业奋斗一生的赵九章洗漱完毕后,将积攒下来的十几粒安眠药全部倒进嘴里,静静躺在床上……

周恩来听到赵九章的死讯后,让人到中科院追查。然后造反派一句"畏罪自杀"就将逼死一代大科学家的责任推卸了。

"畏罪自杀?太荒唐!"叶笃正愤怒地吼着,他太清楚恩师科学救国的志向和对国家的忠诚,赵九章不仅为我国气象学事业的发展完成了奠基性工作,还积极倡导人造卫星事业。可是,这样一位卓越的科学家被无知小人批斗,这个时代荒诞到了什么程度?再联想到自己几十年来积累的笔记、资料被造反派收来付之一炬,叶笃正也感到万念俱灰,准备向墙壁撞去,以决绝的悲惨方式向时代控诉。

刘克武抱住了他,眼含热泪地说:"您千万别想不开,这样不是有负您当初回国的理想吗?请相信,这样的时代终究会过去的。您不是说乌云遮不住太阳吗?"

"会过去的?你也这么认为?"叶笃正泪眼迷茫。

"是的,多少知识分子、科学家不堪屈辱自尽了,于国家而言,是多大的损失啊,高层已经重视这个问题了。留得青山在,不怕没柴烧,请您相信。"

叶笃正感激地望着眼前这位年轻人——他是被派来监督自己的,可他不像其他造反派那样凶狠无知。叶笃正便问道:"你书读到哪了?"

"高中,想上大学,可是没办法上啊!"

"青春就这样荒废掉,太可惜,你们这一代人的青春啊,都这样荒废掉了。你要是肯学啊,我教你!"

"太好了!"刘克武喜出望外地给叶笃正深深鞠躬,"拜过老师!"

叶笃正便在被批斗的岁月里教刘克武科学知识,加之他本人勤奋好学,后来刘克武成长为中科院一名教授。

不久后,叶笃正下放到湖北潜江干校参加劳动。

1973年,早春二月,杨柳复苏。

造反派对叶笃正的批斗结束,他和妻子冯慧又搬到了原来的房子里,但研究所的工作没有让他参加。

1971年,由于"乒乓球外交",僵化已久的中美关系出现转机，两国交往逐渐恢复。1971 年 8 月，叶笃正的学弟、著名物理学家杨振宁作为科学家代表首先回国访问，得到周恩来的亲切会见。由此开始，众多的美籍华人学者不断回国访问，中国科学院的对外交往开始复苏。

这一天，又一批留美华人科学家来中国访问，其中有叶笃正在芝加哥大学的同学郭晓岚，他一到中国就要求见叶笃正。当初，叶笃正、郭晓岚、谢义炳一同赴芝加哥大学，师从罗斯贝，这三人后来成为芝加哥学派的中坚力量，被誉为气象界"三杰"。

正因为叶笃正和他同道们的努力，中国气象学事业在国际上的影响令人瞩目。可在那段特殊岁月里，中国气象事业停滞了。国家意识到了这种差距，叶笃正又被允许恢复了工作，重新回到心爱的研究事业中去。

同时，长子叶维江没有忘记父亲的教诲，在打铁中学习，终于考取了出国研究生。可是，吴晴等人以他年龄较大为由阻止他出国。

"孩子年龄大是时代耽误的啊。打了 5 年铁，浪费了多少时光？"叶笃正宽慰维江，"能考上，说明你努力了，要想在研究上有成就，那得深造，爸爸支持你出国去开阔视野。"

可是，找谁来帮忙呢？许多与自己关系好的老同志不是在批斗中离世了，就是身心疲惫不再参加工作。最后他想到了中国科学院领导严济慈。

严济慈比叶笃正大 5 岁，是中国现代物理学研究工作的奠基人之一，他在法国留学期间，与居里夫人有过交往，回国后，他在居里夫人的帮助和指导下，创立了镭学研究所。他还推荐郑大章到居里夫人实验室,使郑大章成为居里夫人的第一位中国研究生。

叶笃正任中国科学技术大学教授的时候,严济慈是校长。他非常清楚叶笃正的研究成果和国际影响,也敬重他执着的科研精神和对祖国的赤诚,便出面协调,让叶维江顺利出国留学。

女儿叶维明后来也以北京师范大学一年级学历的身份转学美国了。次子叶维健从北京邮电大学分校毕业后也赴美留学深造。

叶笃正与妻子冯慧生活在单位分的宿舍里,他们生活极其俭朴,保姆做什么就吃什么,有时候保姆请假,他便从附近买些馒头回家,简单吃一下。叶笃正与秘书吴津生也处得如家人一般,有些家务事由吴津生代劳。在两位老人的生活世界里,只有读书和科研,单纯而深邃。

年轻时候,叶笃正喜欢打乒乓球、溜冰和散步。自从回国后,他上班一直是步行,他说这样既锻炼身体还支持环保。

后来,年纪大了,体育运动没法进行,只能散步。每天傍晚,叶笃正都要与冯慧出去走一会。但这对相濡以沫的夫妻散步时走不到一块,他喜欢快走,常把夫人冯慧甩在后头。通常是他走一圈回来了,冯慧还在半路上微笑着慢悠悠地走。待两人都到家了,就一起读书看报,有时安静得只有翻报纸的声音,有时则是热烈的讨论。

孩子们不在身边,也就少了别人那种子孙绕膝的幸福,但想到孩子们有自己的事业,夫妻俩总是把牵挂深埋在心底。有时候，一起坐在那，看看远隔重洋的孙女海伦和爱丽丝画的画。

"孩子们在国外，肯定也想念父母。"叶笃正与冯慧商量，应该给孩子们一些鼓励和宽慰。冯慧说："给他们每人写两幅字，挂在墙上。"

夫妻俩便思考着要写什么内容。想了一会之后，叶笃正说："还是选用古人的话吧！"他便亲笔书写，每

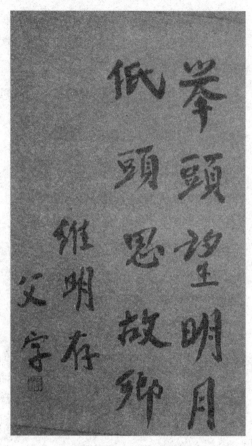

叶笃正给孩子们的题词

个孩子两幅，内容都是一样，一幅是"欲穷千里目，更上一层楼"，另一幅是"举头望明月，低头思故乡"。

"这个好，嘱咐孩子们身在国外，心向祖国。"冯慧说。

1970 年 4 月 24 日，中国成功发射了第一颗人造地球卫星，再一次让世界震惊。

当熟悉的《东方红》乐曲穿越太空传回地球时，举国欢腾。

虽然处在特殊时代,叶笃正的"政治问题"还没完全澄清,但他内心无比激动,让妻子在家准备一桌菜,把研究所里巢纪平等同事请到家里吃饭。

"人造卫星上天,是中国继原子弹爆炸后又一震惊世界的大事,中国人的腰杆子又一次挺直了,这真是令人兴奋的日子啊,我们举杯庆贺!"很少喝酒的叶笃正端起酒杯说道。

喝着喝着,叶笃正痛哭起来了,他想起了为人造卫星上天而呕心沥血的老师赵九章。

众人劝他。他哭诉道:"十八个月,只要再忍受十八个月,他就能看到这一时刻。然而,他没有看到,这太让人心酸啊。你们知道吗?在造反派批斗他的岁月里,他虽然被逼到了生命的尽头,但他舍不下心爱的事业啊,其实,他不想死,想继续战斗!"

室内无比沉默,大家的心都揪得很痛。

叶笃正顿了顿,梳理一下情绪,继续说道:"谁能救他呢?赵九章想到了同窗好友乔冠华,他想只有这位在外交部担任领导的同学能救他。然而,家里被红卫兵抄遍了,找不到记有他号码的本子。他脑中记有多少科学数据啊,可是,对科学以外的数据他不用心,不愿无关数据占大脑储存。他绞尽脑汁,就是想不起那几个数字,也就绝望地离开了人世,离开了他心爱的科研事业。"

"我也经历了那种绝望处境,更能理解他一颗高尚而不屈的心。"叶笃正感慨道,"从绝望中走出来,让我对生命有了新的认识。唯有工作,才对得起生命啊。"

众人不语,有人啜泣起来。大家纷纷陷入对赵九章的怀

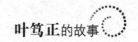

念之中。冯慧见状，举起杯子说道："让我们共同举杯，遥祭老所长！"

大家纷纷举起杯来，用手指沾酒，洒在地上。

"从 1950 年 5 月 19 日周总理签署指派赵九章先生为地球物理研究所所长开始，他一直为中国气象学事业、人造卫星事业默默地耕耘。他虽然不苟言笑，但有一颗正直善良的心，所以平易近人；他不巴结奉迎，但思想自由，他的身上，有着中国典型士人的精神。我们做科研，一定要以他为楷模，永远怀念他！"叶笃正深情地说。众人深情地点头。

在叶笃正心中，赵九章是颗星辰，照耀着他前行。

第八章

# 人生新征程

　　能够重新工作,对叶笃正而言比什么都重要。他与美国华盛顿天主教大学流体力学教授张捷迁站在居庸关,极目四望。雄伟的长城在山谷中间蜿蜒,两旁山峦重叠,树木葱郁。

　　当作为美籍华人学者访华时,张捷迁向周恩来表示愿意短期来华工作。周恩来要求中科院要做好中美学者之间学术交流与协作工作。

　　叶笃正接受任务后,有很多想合作的项目,但是眼下最需要上马什么项目呢?在芝加哥大学学习的时候,他与张捷迁打过交道,也较了解他。老家在辽宁的张捷迁1927年考入东北大学,在清华大学任教后留美,长期从事空气动力学、流体力学、气象学等方面的研究。

几只鸟儿从葱郁的树丛间飞起,在天空自由飞翔。叶笃正看着鸟儿舒展的身姿,对张捷迁说道:"我感到这些鸟儿很幸福!"

张捷迁笑了:"历经一段苦难,你重新回到心爱的气象研究事业上来,心情必定是愉悦的,也希望我们的交流合作是愉悦的。"

"一定会的!"叶笃正坚定地回答。

叶笃正想建立大气环流物理模拟实验室,用流体实验方法模拟大气环流的动力学问题。

从实验室的设计、工程施工到仪器研制,叶笃正都亲自指导。在进行模拟时,他们在转盘中设置了一个长轴为 7 厘米、短轴为 4.8 厘米的椭圆体,这是根据现实中的青藏高原同比例缩小而制作的。

虽然转盘试验在国外开展了近二十年,但没人用来研究青藏高原。叶笃正带着大家一起干,互相学习、研究,每隔几天就总结一次经验。有一次总结会后,张捷迁对叶笃正说:"在国外,进行这种研究,只有少数人知道做什么,其他人则不会。"

叶笃正笑着回答:"一个好的实验室,要让每一个参与者都是专家,这样,才能发挥每一个人的潜能。比如,巢纪平,他虽然没有名校和留学背景,但在研究中积累了知识,为中国气象事业做出了很大贡献,成了专家。还有许多像他这样的人,只要给他们舞台,适当指导,他们就能发挥作用。"

在试验中,他们发现夏日的青藏高原,不能产生所谓西南低空漩涡。这种漩涡平常是在四川产生的,它有时会三五个结伴沿着长江梅雨带而流到下游,使长江一带,特别是武汉形成大雨天气。

叶笃正觉得这关系到整个长江中下游流域的农业生产,需要把理论与实际结合起来去研究。他带着张捷迁等人到武汉、南京、上海、西安以及沿海一带访问气象界的实地工作者,与他们进行交流,还把有些人请到实验室来参与工作。

经过日日夜夜的实验,终于成功模拟了青藏高原对大气环流的影响,再现了许多大气中的复杂现象。1974年,叶笃正与张捷迁在《中国科学》上发表了关于这一实验成果的论文。

随后,叶笃正还和魏鼎文一起进行了热带风暴的模拟,模拟结果指出,风暴中存在重力波。此外,他们还解释了螺旋带的形成。

在中国参与研究5个月后,张捷迁返回美国。途径台湾时,他对记者发表了谈话。

1974年1月21日的《参考消息》发表了文章《张捷迁畅谈中国春光烂漫》,文章说:"新中国好比春光明媚的白日,旧中国好比暮气沉沉的黑夜,两者无法相比……最令我惊奇的是,中国的气象材料并不落后,那些材料甚至包括遥远的边疆地区,天气测量站的设备都很完善,这也是出乎我的意料。"

1977年8月4日,邓小平提议,由国务院副总理方毅主持,在人民大会堂召开了一个科学和教育工作者的座谈会,叶笃正参加了。

大家纷纷发言,指出十年来,国家发展停步了,当务之急是重视科教。

　　轮到叶笃正发言，想到老师赵九章等一批科教工作者含冤去世，叶笃正声泪俱下："这特殊的十年，中国处在乌云、雾霾笼罩之中，很少见阳光和希望，多少优秀人才不堪批斗，永远离开了我们，这是巨大的损失，永远难以挽回的损失。对于我们留下来的科技工作者而言，国家给了我们舞台，给了我们新生活。十年的停滞、十年的冤屈是我们心中的痛，但我们不会怨恨，只希望这样的日子再也不会有，更希望我们必须高度重视科教在国家建设中的作用！"

　　叶笃正的一席话说出了科学和教育工作者的心声，掌声响彻人民大会堂江苏厅。

　　1979 年，被誉为中国科技的春天。

　　这一年中国迎来改革开放，人们长期禁锢的思想被解放，生活观念也在转变，商品开始丰富了，映入眼帘的不再是一成不变的蓝白灰，一个丰富多彩的时代迎面而来。

　　这年的 3 月 18 日，中央在人民大会堂召开了全国科学大会，6000 多人参加了开幕式。邓小平在讲话中指出，四个现代化的关键是科学技术现代化，并指出了"科学技术是第一生产力"的论断。在闭幕式上，中科院院长郭沫若作了"科学的春天"主题讲话，表彰了一批先进集体和先进个人，叶笃正获得了先进个人奖。

　　这期间，叶笃正还当选为中国气象学会理事长。

　　这年 10 月 6 日，叶笃正担任中科院大气物理研究所所长。随后，他被任命为访问团团长，带领数十位专家学者访问美国。

叶笃正(右一)出席全国科学大会。

查尔斯河,波光粼粼,密歇根湖上的白帆点点,芝加哥大学的校园内,树木更是枝繁叶茂……

30年了,时光真是如箭似梭啊。一踏上美国的土地,一切事物是那么熟悉又是那么陌生。回想留学时的风华正茂,回想返回祖国时的坚定与理想,回想恩师罗斯贝的教诲……已是两鬓飞霜的叶笃正感叹,岁月流逝,理想仍然没有完全实现,祖国还没有真正强大。

美国的同窗和好友都赶来了。激动的泪水,深情的拥抱。真挚友谊如尘封的佳酿,历经岁月积淀,愈加醇香。

听说叶笃正在"文化大革命"期间的遭遇后,大家唏嘘不已。郭晓岚说道:"中国气象学事业在你的带领下,有些领域已领先了世界水平,而且完全有机会在整体实力上领先发达国家。"

当初极力挽留叶笃正留在美国的拉普兰教授说:"叶,你受了那么多苦、那么大委屈,耽误那么多年的时光,很后悔吧？你当初要是听我们的话,留下来,现在的你,该取得了多么大的成就啊!"

"不!"叶笃正坚定地说,"我一点也不会后悔,如果当初留了下来,生活肯定会好些,也能发表更多高水平的论文,但我回到中国,建起了实验室,培养了许多学生,在气象学领域有新的拓展。虽说时代跟我们开了玩笑,让我们一大批知识分子受了些冤屈,耽搁了事业,但那之后换来了中国上下对科学、对知识的重新认识,中国领导人提出了'科学技术是第一生产力'的论述,中国科学界的春天再次来临。我不后悔,一点都不后悔。"

大家为叶笃正真挚而坚定的情怀感动,纷纷鼓起掌来。

"科学技术是第一生产力!"这一句话像一股春风,迅速吹遍了大江南北,激荡着人们的思想。

气象研究成果要转化为现实生产力,要让天气预报结果每天都能用上,去指导人们的生产生活。国家气象局局长邹竞蒙找到叶笃正,商议如何建立和完善数值天气预报工作。

邹竞蒙和叶笃正原来都是国家气象组成员,因而私交很好。就在叶笃正的书房里,两人对数值天气预报工作的组织、技术路线上都达成共识,其中一项是从气象科学研究所抽出部分人员到中央气象台,让理论研究与实践相结合。

夜很深,两位老同事谈得非常尽兴。在送邹竞蒙回去的路上,月华如水,空气中弥漫着一股草木的清香。

"看,多美啊。这样的月色很少见了。"邹竞蒙感叹道,"记得有一次在上海,我还很小,父亲带着我和哥哥家华走在大街上,当时也是同样的夜色。几年后,父亲因抨击国民党,被迫流亡,还与沈钧儒、李公朴等人一起被抓,关押243天。现在父亲不在,但我很怀念那时的月色。一如今晚,多么和平、安宁啊!"

"您的父亲邹韬奋一生为新闻、为出版,做出了巨大贡献。我们要继承他的精神,争取在气象事业上取得成就,为国家和人民做出贡献。"

"气象与生活息息相关,如果每天准确预报天气,就可以指导农民种田、工人建设、渔民出海,多有意义啊!"邹竟蒙说道,"今晚多美好,天朗气清,多么祥和的世界啊。环境也好,气候也罢,都是需要我们呵护的。呵护说起来容易做起来难啊,首先需要我们把它了解透、研究透。"

叶笃正抬眼望天,深有感触地说道:"浩瀚宇宙,高深莫测,复杂气象确实需要我们一代代人去研究。"

数值天气预报也称"天气预报流体力学法"。我们所感知的风雨雷电等天气现象发生在几十千米厚的大气层里。大气围绕着地球不时地运动,演绎着万千气象。但它遵循着牛顿运动定律、质量守恒定律、热力学定律、水汽守恒定律。从事数值天气预报,就是根据大气的实际情况,以某时刻气象要素的空间分布为初值,在给定边界条件下利用数值求解方法,预测未来一定时段内大气的运动状态和天气现象。

1950年,世界第一篇数值天气预报论文发表,引起了叶笃正和顾震潮的重视。后来,中国也开始了数值天气预报事业,当时中国没有计算机,就用手算图解法进行试验。1963年,叶笃正还去莫斯科参加了数值天气预报工作会议。他暗下决心要让中国在这一方面走在世界前列。

但"文化大革命"期间,气象业务不强调现代化,强调依靠群众,依靠经验,靠天气变化后蚂蚁、蚂蟥等的反应来判断。因而,中国数值天气预报一直处于低谷,比发达国家要落后几十年。

落后了怎么办?"要汲取中科院大气物理研究所的成果,吸取国外先进的模式,实行'拿来主义'"。叶笃正找到李泽椿,让他挑起这项重担。

"这可是一项重大工程啊,我行吗?"李泽椿笑着问叶笃正。

"当然行!"叶笃正拍拍李泽椿的肩膀,"你一定行的,我也可以做些辅助性的工作。"

有人思维还处在"文化大革命"的僵化时期,对叶笃正"拿过来"思路表示反对,说:"我们自己搞,干吗用外国人的东西?难道是说中国人不如外国人吗?"

叶笃正听了很生气,说道:"有些人思维不活络,没有国际视野,怎么搞科研?四大发明是中国发明的,外国人不也用了?还比中国人发挥得好。"

再也没有反对的声音了,随后,我国中期数值天气预报系统逐渐建立了起来。

"明天白天多云,风力 2-3 级,最高温度 23 摄氏度,空气质量优……"每天,人们都能听到准确的天气预报播报。这凝聚着叶笃正和他同事们的大量心血。

鉴于叶笃正在气象学上的研究成果,以及他担任气象研究所所长期间取得的一系列成效,1980年,叶笃正当选为中科院的学部委员。

学部委员是从最优秀的科学家中选出的,是中国大陆最优秀的科学精英和学术权威。

因为取得了卓越的成绩,组织上准备提拔叶笃正为中科院副院长。但他不是中共党员,有人上门询问叶笃正是否愿意入党。

叶笃正出席中国科学院第四次学部委员大会。

"我一直在从事科研,没精力来考虑自己的组织信仰。我干什么事,都是认真与慎重的,让我考虑一段时间。"

随后,组织上又派人来叶家。叶笃正外出考察,来人催促得很急。冯慧联系不上叶笃正,便与儿媳妇商议:"你爸爸学生时代就参加了中国共产党的外围组织,还参加了学生救亡运动,后来只不过是由于争分夺秒地学习、搞科研,没考虑组织信仰,其实他学生时代就是信仰共产党的,要不也不会放弃美国优厚待遇回到新成立的中国，你代他写份入党申请。"

入党申请书交上去了，通过组织考察等程序，叶笃正成了一名共产党员。

参加入党宣誓回来，叶笃正还是责怪了妻子和儿媳妇。"我已经是党员了，但内心愧疚，因为入党申请书不是我亲自写的。我只不过是一直没去思考这个问题，所以申请书没立即写。入党申请书可得亲自写，怎能是你们代写呢？能不能入党，能不能提为中科院副院长，这不影响我科技报国的理想。"

1981年春天，叶笃正偕妻子冯慧去美国某所大学做学术访问。大气物理研究所由陶诗言代任所长，负责处理科研和拨乱反正等工作。也在这一年，叶笃正当选为芬兰科学院外籍院士。

在他出国做访问学者期间，中国科学院主席团第一次会议召开，推选化学家卢嘉锡为院长，叶笃正与钱三强、胡克实、冯德培、李熏、严东升一起选为副院长。

原本需要在国外做几年的学术访问与交流，因当选为副院长了，许多事离不开他，叶笃正只得提前回国了。

此时吴晴有个机会出国，可是需要担任中科院副院长的叶笃正批准签字。想起在"文化大革命"中批斗过他，还把他妻子冯慧赶出家门，还差点害死了他的孙女，吴晴没勇气去找叶笃正。

"去试试吧，叶老胸怀多么宽广。"有人劝说他。可他还是不敢试。

叶笃正听说这事，说道："虽说那场运动中他整人斗人有点狠，那是他不对，但事情过去了，我们都应该忘记，朝前看。吴晴业务能力还是可以的，符合出国条件，我会签的。"他便让人把吴晴喊来，给他签了。

吴晴感叹："叶笃正的内心像海一样宽广博大，反观我自己，他的言行让我的灵魂得到了净化！我曾经做过错事，这是抹杀不掉的，但我会告诫子孙，一定要做一个理性的人，内心慈祥的人！"

几阵雪花飘过，新的 1984 年即将到来。

听说当老师的妹妹叶笃柔来北京过年了，叶笃正急忙与冯慧赶到京郊她的住所。

好几年没见了。昔日在一起成长的兄妹，如今都已是双鬓染白，这让他们感慨万千。

妹妹笃柔最喜欢谈论过去的时光，她对冯慧说："七嫂，看到你，我就想起你从美国留学回来给我带的耳环，我三十岁生日的时候，就是戴那耳环拍了照片，那是我最喜欢的一张照片。那耳环我一直珍藏着，可惜'文化大革命'时期给红卫兵抄走了。"

"这不要紧，什么时候你七哥出国，让他再带一副给你。"

"不用的，我看重的不是耳环，是那困难时期，你在异国他乡还记得我的情谊！"

姚曾廙已经去世了，他的书在出版社早已立项，但还没出版，稿费一时也结算不了。叶笃柔这次想来找哥哥们帮忙，看能不能提前支取稿费。叶笃正一听，掏出皮夹子，把钱全倒出来，说："钱不多，我忘了带钱，你先拿着，到时我和你嫂子再寄给你。"

"七哥,真的不需要。"

"自家兄妹还客气什么？现在孩子们都自立了,我和你七嫂也花不了什么钱,你带孩子不容易。"

笃柔很感动,眼含泪水说:"你们回去得要车费吧？"

冯慧拍拍自己的口袋说:"有公交车钱就可以的。"

随后,叶笃正找出了一张大姨母刘婉淑的照片,她是妹妹笃柔的亲生母亲。这是"文化大革命"前,他们称呼为"妈"的大太太去世时,叶笃正带着冯慧回天津奔丧,从抽屉里找出的,他一直珍藏着。随着年龄的增长,昔日大家族的日子、大家族的每一个人,叶笃正都是那么怀念。

其实,叶笃正平时也很挂念妹妹笃柔,还常给她寄生活费。有一天傍晚,叶笃正正在看新闻。妹妹笃柔打电话过来,谢谢他寄钱,并且说她涨工资了,不用再寄钱了。

"不要说谢谢,你是我妹妹！当初我们一家十五个兄弟姐妹,那时光多好啊,如今,走得只剩我们几个,我怎能不照顾你！"

笃柔在电话里哭了,说:"七哥,你要保重。"她也是越来越想念当初的兄弟姐妹,电话里忍不住絮絮叨叨许多往事,最后哭着说,"七哥,我最近经常做梦,梦到十二弟笃慎。我们兄妹十几人,彼此都有音讯,就是他,几十年竟然音讯都没有。唉,怪只怪他当初不好好读书。"

春节过后没多久,叶笃正收到一封信,是从四川曲艺团寄来的。因为时间紧,叶笃正心想自己在四川曲艺界没什么朋友,便随手将信放在一边。

几天后,叶笃正找一本书时,这封信又跳出来了,便随手拆开一看,是十二弟笃慎写来的,说他要带重庆一个曲艺团来北京学习,问他愿不愿意见他。

这真是喜从天降,大家只当十二弟叶笃慎已牺牲在缅甸,没想到他还活着,只是已改名叫叶利中。

叶笃正急忙把这事告诉在北京的三哥笃义、五哥笃庄、六哥笃廉和九弟笃成。大家说,赶紧回信,我们欢迎他。

这天晚上,春风和煦,万物复苏的温暖气息弥漫四周。由叶笃成安排,在新华社的一个食堂里,大家宴请失散多年的兄弟叶笃慎,参加宴会的还有北京曲艺团的赵振铎、刘司昌等人。

四十多年不见,心情是激动,激动后又是说不出的酸楚,面对满桌佳肴,面对已是双鬓染霜的彼此,真是思绪万千。

原来,叶笃慎到缅甸后,日子非常苦,除了吃不饱外,还有蚊叮虫咬,更是让人无法安生。团长是北方人,知道他会说相声,会唱京戏,就把他调到文艺班,让他给大家演出。

他所在的团基本上被炸光了。他因为在后方演出,捡了一条命。部队回国后,他分在桂林做财务。嫌数字太麻烦,他便又到重庆,改名叶利中,组团说相声,大家都喜欢听,称他是把相声带到西南的第一人。

新的社会里,说相声不再是旧社会的"下三流",叶笃慎是"人民演员"了。叶笃慎无比得意,又是登台演出,又是创作段子,名扬西南。他在海棠溪有自己幸福的家,每天早晨浇浇花,玩玩鸟,然后或演出,或去茶馆摆摆龙门阵,生活很是惬意。

年纪大了,思乡之情更浓。他从报纸上得知在北京的三哥笃义是民盟中央副主席、全国政协常委,五哥笃庄是中国农科院研究员,六哥笃廉是中央党校三部主任,七哥笃正是中科院副院长,九哥笃成是新华社党委副书记。他为他们自豪, 又担心他们不会认自己这个说相声的弟弟,为此彻夜难眠。

妻子劝他道:"哥哥们官做得再大,兄弟情还是抹不掉的,过去大哥不认你,是因为旧社会相声艺人没地位,说相声就是游手好闲,与你大家族的地位和名声不匹配。现在,你用成就证明了你自己。一个人,他只要不游手好闲,不好吃懒做,而是一直在奋斗,这就是了不起的。我相信大哥在世的话,也会认你的。"

叶笃慎觉得妻子说得有理,便给七哥写了一封信。他觉得七哥待他最温和,几十年前,重庆送别的情形历历在目,他送给自己的钢笔还一直保留着。

听完十二弟的介绍,叶笃义深情地说道:"大哥是老大,他的内心深处多么想替爸爸撑起那么大的一个家。他内心是最爱你的,当初赶你出门是恨铁不成钢,是爱的另一种表现,当然,那一年,你才19岁,有些过了。"叶笃义回忆道,"新中国成立后,大哥是天津民盟负责人,我们经常碰面,说工作,也说家事,大哥为你的生死未卜心存不安,一直到他去世,他是带着愧疚离开的。"

"是啊,大哥要是知道你活着,那该多好啊。"六哥笃廉对笃慎说道,"大哥在我们兄弟中年纪最大,接受的思想也更传统。你要理解,他挺不容易,刚刚成年便接过父亲的重担,守着祖居之地，把几位姨妈送走。我们呢，都离开了家，无牵无挂地远走高飞。"

"我恨过大哥，可是现在不仅不恨，反而想他！我小时候，他最喜欢逗我玩。"听哥哥们说起这些，叶笃慎哭了起来。

"别哭了，我们几十年没见，这次来了北京就别回去，到哥哥们家轮流住，把失去的弟兄岁月补回来。"坐在旁边的叶笃正拍着弟弟的肩膀。

叶笃慎破涕为笑："我要一家家住，给你们说相声，把想你们的岁月全找回来。"

第二天，叶笃慎准备去三哥笃义家，相声大师侯宝林派他儿子侯耀文来接他去他家做客。

随后，叶笃慎在几位哥哥家中轮流住了一阵子后，大家一起去大哥坟前，祭拜一番，叶笃慎失声痛哭，说道："大哥，我回来了，我知道你爱我，我没有辱没家门，我一直在奋斗，也出书了，您认我吧！"

叶笃义拉起泪流满面的弟弟，说道："大哥在天之灵会含笑的。"

1984 年 7 月 28 日，第二十三届奥林匹克运动会在美国洛杉矶举行。140 个国家 7616 名运动员参加了角逐。运动会的第二天，普拉多射击场的枪声让华人兴奋，中国射手许海峰夺得了本届奥运会第一枚金牌，实现了中国在奥运会史上零冠军的突破。

叶笃正的内心也十分激动，只要有时间他就会打开电视观看运动场上的角逐。他对身边的同事说："无论从事哪个行业，身体是第一要素，是干好工作的前提，尤其是科技工作者,往往惜时如金,忽略体育锻炼,这是不对的。做科研,搞学术,要有健全的体魄。几十年前,南开校长张伯苓先生就重视体魄教育。我就是在他的感召下喜爱上了运动。"

在叶笃正的带领下,中科院里许多人员重视起了身体锻炼,工作之余打乒乓球、羽毛球、排球。运动多了,身体强壮了,心情也舒畅了。

除了喜爱体育,叶笃正也喜爱文学,尤其是喜欢看武侠小说。

有一次,学生周家斌来向他讨教一个学术问题,看到他正捧读金庸小说,感到很好奇,心中纳闷大科学家还有时间看消遣的武侠小说。

叶笃正从他的眼神中读懂了疑惑,便说道:"武侠小说中的人物一腔热血,铁骨柔肠,我们搞科研也需要有这种侠义精神,有为国为民的情怀。"

周家斌恍然顿悟。他继续说道:"还有,身体要锻炼,脑子也要锻炼,脑子不用会生锈,弦绷太紧会断,要张弛有度啊。"

"您让人折服!"周家斌不禁感叹。

"武侠小说也能给我们启发。你看书上这个侠客,以为自己死了,没出路了,可是突然间又有了转机。搞科研也是如此,你想了半天,以为进了死胡同,但是突然间思路突现,进入柳暗花明的境地。"

"侠者思维,真是能上天入地,出入自如,难怪您能成为大家,攀上科学高峰!"

叶笃正笑了,告诫学生道:"学无止境,永远别说大家,莫言高峰!"

也就是在这一年,中国掀起了下海经商浪潮,许多单位的公职人员都涌进这股大潮。社会上出现了"修大脑的不如剃头的""搞导弹的不如卖茶叶蛋的"等论调。

一些科技工作者,包括叶笃正带的少数研究生,思想也出现了波动,对未来感到迷茫。叶笃正找他们谈心:"社会要繁荣,商品要流通,商人的意义就在这里。但一个健全的国家,不能全是商人,不能没有生产者、科技工作者。搞科研,要有一股精神,有一种理想,有一种激情,同时,又要耐得住寂寞。尤其是年轻人,不要被一时的潮流而迷惑!"

正是叶笃正的开导,许多人坚定了搞科研的信念,后来成为杰出的科学家,有的成为中科院院士。

最让叶笃正高兴的是,这年年底,他一直寄予厚望的吴国雄从国外回来了,这意味着中国天气预报事业又有了新的力量。

1943 年出生在广东潮阳的吴国雄中学毕业后考取南京气象学院,进入天气和动力气象学专业。1966 年大学毕业时他报考了中科院研究生,但"文化大革命"开始后研究生教育取消,他只得到西北地区从事气象工作。

1977 年,全国第二届数理统计和数值预报会议召开。叶笃正是专家组组长,吴国雄作为地方专家代表参加了这个会议,他为叶笃正渊博学识和广阔视野而折服。也在这一年,国家恢复了研究生考试,吴国雄决定报考他的研究生。

顺利通过中科院大气物理研究所研究生考试后,吴国雄因成绩优秀被推荐参加中科院组织的赴国外学习考试,也通过了。

但是吴国雄还是希望留在国内跟随叶笃正学习。百废待兴的时候,叶笃正也需要吴国雄这样的年轻人,但他考虑后对吴国雄说:"从我个人科研工作出发,希望你留下来。但从整个国家科研事业出发,希望你出国留学。我们国家封闭了这么多年,在大气科学领域已经落后于发达国家了,希望你学成后再回来。"

1980 年,吴国雄在英国获得了博士学位,准备回到叶笃正身边。这时,欧洲中期数值天气预报中心极力挽留他。他写信给叶笃正,请他帮自己拿主意。

叶笃正很快回信,说许多人削尖脑袋都想进这个世界一流科研机构,这是一个难得的积累经验的机会,希望你工作一段时间再回国。就这样,吴国雄在国外又工作了四年。

在中国气象界,有从事教学为主的各个高校,有从事科研的中科院大气物理研究所,有以业务为主的中国气象局。在学术问题上,常常有不同意见,有时候甚至争论得面红耳赤。这样的情况下,只要叶笃正到场,争论就会平息。

吴国雄不止一次地感叹,叶笃正的出现,总是让局面峰回路转。这源于什么呢?他思考着,后来他总结出,这源于叶笃正海纳百川的胸怀和求真求是的科研精神。

叶笃正的研究视野里,不仅仅有高原、海洋、大气环流,还有沙漠。

2003 年的时候,已经是 87 岁的叶笃正还决定冒酷暑去塔克拉玛干大沙漠,去那里新建的气候站实地考察。研究所里的同事不放心,劝他别去。他笑着说:"你们担心我去了,给大家添麻烦?成为负担?放心,我这体魄可以的。"

沙漠地区条件多苦啊,同事只得请冯慧劝他。他一听,拉下脸说:"不实地考察,怎能有第一手资料?看看人家彭加木,那是怎样的精神,值得所有科学工作者学习。"

冯慧只得对大家说:"随他去吧,老头子犟起来,牛拉不回。"

叶笃正很佩服彭加木不畏艰辛的实地考察精神。担任新疆科学院副院长的彭加木先后 15 次到新疆进行科学考察,3 次进入罗布泊探险。1980 年 6 月 17 日上午 10 时,因在科学考察中缺水,彭加木主动往东找水,不幸失踪。

为此,叶笃正与夏训诚、高登义、叶永烈、黎宇宇等 5 位院士、科学家、作家和探险家共同倡议在罗布泊库木库都克建立了彭加木纪念塑像。

有一段时间,叶笃正对楼兰古国的消失很感兴趣。从史书记载来看,这个公元前 3 世纪时建立起来的国家,是古代丝绸之路的必经之路,繁荣的商业让楼兰成了西域乐土。

辉煌近 500 年后,楼兰怎么消失了呢?虽然有些史学家认为楼兰毁于干旱,有些认为是这片森林被砍伐导致水土流失、土地沙化的结果。

不管是什么原因,楼兰古国的消失都告诉人们气候的重要,也告诉人们生态的重要。可是,当今世界,臭氧层破坏、全球变暖、淡水资源短缺、森林锐减、土地荒漠化……这些问题都让叶笃正很担忧。

1984 年初,美国气象学家马隆与叶笃正共同探讨全球变化这一全新而又尚未形成学科的问题。他们积极寻求合作。

1985 年,中国气候研究委员会成立,叶笃正担任委员会

*1985 年 6 月叶笃正在长白山考察*

主任。

当时,许多人根本不知道"全球变化"为何物,更意识不到大量排放二氧化碳会影响大气。因而,有人给叶笃正泼冷水:"全球变化就变化吧,地球存在亿万年,也没什么太大变化?研究它干什么?关我们什么事?"

这些话在当时有不少响应者,叶笃正感觉到了压力,但他绝不放弃,他说道:"科研必须有前瞻性,最忌鼠目寸光。随着工业革命的发展,人类活动范围和活动能力越来越大,这对大气影响也会越来越大,哪能与过去低生产力时期相提并论?"

他告诉一起参与研究的符淙斌和陈泮勤等人:"只要我们认为是对的,就要坚持,顶着各种压力、各种困难也要坚持下去!"

1986 年,国际科学联盟批准成立国际地圈－生物圈计划,简称 IGBP,标志着全球变化科学新领域的诞生,叶笃正是该计划的特别委员会成员之一。

两年后,在国家有关部门的支持下,叶笃正和符淙斌等人发起成立了 IGBP 中国委员会。

1976 年以来,全球气温以平均每 10 年提高 0.2 摄氏度的速度升高,人类的活动让全球加速变暖。然而,瑞士日内瓦大学地质学院教授埃里克·达沃则认为这种现象是自然界的周期性变化,而不是人类活动导致全球气温升高,相反,从气象史的大循环来看,地球会加速向"冷却"的方向演变。

叶笃正自然不赞成这个观点。他认为随着人类大规模的发展,随着化石燃料产生的二氧化碳引起的温室效应,全球气候变化越来越明显。同时,极端天气现象的出现已使生态系统难以适应,人类健康受到威胁。气候变化,特别是气候变暖后,会导致自然灾害增多。

太平洋上有一种反常的自然现象,在 11 月至次年 3 月,有一股悄然而至的不固定的暖流,称为厄尔尼诺,过去平均四到五年发生一次。可自从上世纪 80 年代以来,特别是进入 90 年代后,每两年就发生一次。此外,暴雨、干旱都会增加,1991 年延续两个月的江淮大暴雨,1998 年又一次大洪水肆虐江淮,2002 年欧洲百年不遇的洪水……都是气候变暖产生极端天气的气候事件。

面对这种现象,叶笃正思考得很深入。

他翻阅大量资料,发现有些问题不仅仅是气候问题,还有人类活动造成的影响。比如 1998 年夏季长江流域遭遇的大洪水，当时的降雨量没有超过 1954 年，但水位比 1954 年高，原因是长江流域湖泊面积的急剧萎缩。

原本长江流域分布着众多的湖泊，是调蓄洪水的天然场所。但随着人与水争地的现象日趋严重，大量湖泊被围垦。1949 年长江中下游的湖泊总面积是 17198 平方千米，经过几十年的掠夺、改造，湖泊总面积只有 6000 多平方千米。洪水来临时，长江、湖泊的水找不到地方疏散，最后只能被迫抬高水位，导致灾害发生。

二氧化碳的排放使全球气候变暖越来越成为共识。1997 年，联合国通过了《京都议定书》，限制二氧化碳排放。可是，由于美国的退出，使参与这项研究的科学家受到了沉重打击。

叶笃正认为随着社会发展，人类没有办法不继续向大气里排放温室气体，但要有区别地限制。为此他提出土地利用诱发的全球变化等课题，成为国际地圈－生物圈计划的核心研究内容。

人类怎样改变生产生活方式？国家、政府、企业、个人怎样扮演好各自的角色？他与符淙斌开始新的研究课题——有序的人类活动。看着他近 90 岁还风风火火地干活，进军新的研究领域，妻子冯慧很心痛，劝他说："让年轻人去干吧，你已不再风华正茂了。"

"我也知道自己这么大年纪的人，早就应该退位了，但这个事我必须搞起来，必须要找一群人来做这个事，把年轻人带上路了，我才能撒手啊。"叶笃正摇摇头。

2003 年春，由中国国家气候委员会主办的气候变化国际科学讨论会在北京召开,来自 61 个国家和地区的 400 多名代表参加了这个会议。叶笃正作为此次大会的科学指导委员会主席,在开幕的当天,做了《有序人类活动》的报告,受到与会专家的普遍认可。

1987 年,叶笃正从中国科学院副院长的职位上退下来,但还担任《中国科学》杂志主编。

当时,有一个叫严兴(化名)的人很火,说他有特异功能,能在远距离之外发功,使一些物质的分子结构发生变化。

有一天,一篇论文到了叶笃正手上。是清华大学几个人同严兴合作进行"外气"实验所撰写的文章。这篇论文本来已经发表,为了提高档次和影响,他们希望在《中国科学》这个权威刊物上发表出来。

叶笃正一看,文章上一大批权威人士的评审意见:"此稿内容为世界首创,确实而无可辩驳地证明了人体可以不接触物质而影响物质,改变其分子性状。这是前所未有的工作。""应立即发表,及时向全世界宣告中国人的成就!"

叶笃正觉得"外气"改变分子性状不可信,把稿子交给邹承鲁等院士审阅,大家一致提出质疑。最后大家决定按正规的科学程序做实验。严兴和支持者们坚持不按正规程序做实验,称那么多专家教授的结论还不可信?

编辑部有人感觉到了巨大的压力,便对叶笃正说道:"给他发吧,反正其他报刊都发了。要不然,一旦得罪这么多专家教授,那可够我们受的。"

叶笃正不同意,说道:"《中国科学》的权威来自于刊登的每一篇文章都是经得起检验的,倘若发了一篇伪科学的文章，杂志就毁在我们手里。有压力我来顶！"

严兴听说叶笃正不愿意刊发，公然吹嘘说："美国哈佛大学早就要登我们的论文了。我们爱国，才不给他们登。有人口口声声说爱国，却不愿意刊登，那是他蓄意把优秀研究成果拱手让给外国人。他更不知道，气功是可以置人于死地的。"

叶笃正听了非常生气，说道："不经过大家一起做实验，坚决不发！要死人，让我先死！"

后来，随着人们的科学意识不断增强，尤其是以中科院院士何祚庥为首的一批科学家们，面对猖獗泛滥的伪气功、伪科学挺身而出，予以沉重打击，产生了积极的社会影响。严兴最后不得不出国，消失在大众视线里。

1994 年 3 月 30 日，香港爱国金融家何善衡、梁銶琚、何添、利国伟基于崇尚科学、振兴中华的热忱，各捐 1 亿港元注册成立社会公益性慈善基金，设"科学与技术成就奖"，每年评一次，奖金 100 万港元，奖给取得杰出成就的科技工作者。

1995 年 10 月 15 日，叶笃正获得第二届何梁何利基金科学与技术成就奖。他将奖金捐给了大气物理研究所和母校南开中学。

1996 年 2 月 21 日是叶笃正 80 岁生日，这一年也是他攻读大气学以来从事气象事业 60 周年。

曾担任中科院院长的卢嘉锡听说此事，决定为叶笃正题个词来概括他的贡献，题写什么内容呢，他仔细思索着，还与子女们商量，最后写下："叶茂根深东亚环流结硕果，学笃风

*1995 年 10 月 19 日叶笃正荣获 1995 年度*
*何梁何利基金科学与技术成就奖*

正全球变化创新篇"。

另外,大家特意为叶笃正举办了一个庆祝大会,当时的全国人大副委员长吴阶平等一百多位专家学者都来了。鲜花、蜡烛、幸福的笑脸、祝福的话语,大家聚在一起,其乐无穷。

叶笃正很高兴。他高兴的是自己付出毕生心血的大气物理研究所已经是有数百人的大家庭,有了多名中科院院士。

庆祝会上,洪钟祥所长宣布将叶笃正捐献的奖金设立为叶笃正奖。可是叶笃正不同意以他的名字来命名。

"您取得了这么大的成就,以您的名字命名是对后来者的激励!"

"不仅在中国气象学界,在世界气象学界您也是一颗闪亮的星星,用您的名字命名是众望所归。"

……

不管怎么说，叶笃正就是不同意。最后大家商议从卢嘉锡的题词中取"学笃风正"来命名。

"学笃风正"，这是一种应该具备的科研精神，叶笃正同意了。他还建议，不仅要奖励获得优秀成果的科技工作者，也要奖给为科技工作做出重大贡献的管理者。

为了让思想保鲜，2001 年招收研究生的时候，叶笃正特意招了一个学经济学的丑洁明。

"气象学家为什么要招一个学经济的研究生？"许多人不理解。

叶笃正的回答是："我们是互相学习。气象跟经济、民生联系很紧密，台风可能造成多少的经济损失，自然灾害后有多少的保险索赔，未来都是可以通过准确的量化来预报和减轻损失的。"

2005 年，丑洁明以优秀的成绩博士毕业。当初许多质疑的人不得不佩服地说，叶笃正不局限在一个领域内搞研究，而是要打通所有自然科学甚至社会科学，在一个很宏观、很前瞻的视点上考虑问题，这是了不起的。

也在这一年，叶笃正虚岁九十高龄。2 月 21 日，湖畔的柳条开始泛着鹅黄。中科院副院长李家洋、科技部副部长刘燕华、中国气象局局长秦大河、中国科协副主席曾庆存、中国科学院院士刘东生、陈述彭、陶诗言及许多专家学者再一次聚在一起，举办大气科学前沿学术报告会，也庆祝叶笃正九十华诞。中科院院长路甬祥特意为叶笃正题词："揽东亚风云志在千里，携青年才俊壮心不已"。

学术报告会上大家争相发言,赞扬他是大气科学和全球变化研究领域的一代宗师。叶笃正说:"今天大家为我讲了很多好话,都是对我的鞭策。我又觉得有些忐忑,对我来说,值吗?配吗?我不敢说。我希望我的有生之年再好好走一段,多做些工作,使我能够觉得可以接受这些荣誉。如果说我今天取得了一些成就,那也是与所有在过去帮助过我的人、支持过我的人分不开的。首先是我的老师们,其次是我的同事们。一个科学工作者,一生的经历就好像是一出戏,这出戏要演出成功,有两个必需的条件,其中之一就是要有一个舞台,对我来说,我大半生都在中国科学院大气物理研究所,这个舞台就是中国科学院和大气物理研究所给我的。同时,这一台戏演出成功不成功不仅仅需要一个舞台,而且要有众多的演员,演员彼此帮助,彼此和谐,这出戏才能够演出成功。我取得的一些成绩,不是我一个人的,而是大家的,是包括'叶顾陶杨'在内的一个科学群体的成绩。"

叶笃正这番话发自肺腑,让大家深受感动。他的学生延晓冬还给老师的这段话起了个名字,叫"舞台学说"。

2006年1月9日,叶笃正获得2005年度国家最高科技奖,许多人向他表示祝贺。他说:"这是奖给中国气象事业的,我成绩的取得依靠的是大家。"他将500万元奖金中的大部分注入了学笃风正奖,建议适当提高奖金额度,但强调不能超过以他的老师赵九章命名的赵九章优秀中青年科学工作奖。

也在这一年,叶笃正以"风华正茂时已经是奠基人,古稀之年仍然是开拓者"获得中央电视台感动中国十大人物之一称号。

2007 年 2 月 26 日晚，妹妹笃柔特意坐在电视机前收看中央电视台感动中国十大人物颁奖盛典，看完后兴奋地给哥哥

胡锦涛为国家最高科技奖获得者叶笃正、吴孟超颁奖

打电话祝贺。叶笃正说道："这没什么，也只是干了自己的工作而已。"

九十多岁高龄的叶笃正还不停歇，还坚持去研究所上班。大家亲切地称呼他为叶老，要单独给他一间办公室，他执意不要，说："与大家一起办公，思想才能交接。"

因为视力下降，看不清电脑屏幕。他便让人把电脑移走，配给别人。

冬天，风雪弥漫。叶笃正照例是蹒跚地来到研究所，年轻人看了心痛，说："叶老，您这么大年纪了，就在家里休息吧，有事招呼一声。"

"不能停，我还没老。我要爱护我生命的价值，许多事我这一辈子肯定做不完，有生之年能做个十分之一，也就满足了。话又说回来，也毕竟九十了，万一啪地摔倒爬不起来怎么办？所以，要抓紧时间做点事。"

　　2010 年 5 月 4 日,中国科学院国家天文台宣布,施密特 CCD 小行星项目组 1996 年发现的一颗小行星,获得国际永久编号。经国际天文学联合会小天体命名委员会批准,编号为 27895 的小行星正式命名为"叶笃正星"。

　　浩渺宇宙,风云变幻;星辰闪烁,夜空灿烂!